# DIE *NEUOFFENBARUNG*

## Eine Hinführung zum neuen Wort Gottes und der Wiederkunft Christi

Eine Aufklärung über die neue Bibel und das neue Wort Gottes an die Menschheit des 3. Jahrtausends

Zusammengestellt & herausgegeben von

**Johannes Wilhelm**

Mit vielen Originaltexten aus dem Buch „Der unbekannte Prophet Jakob Lorber" von

**Kurt Eggenstein**

Titelbild gemalt von

**Silvian Sternhagel**

Herbst Medien – Musik- & Buchverlag

Jesus:

„Aus vielen Teilenthüllungen des inneren, geistigen Sinnes des Wortes Gottes wird sich eine wahre, große Licht- und Lebenslehre formen, und diese Lehre wird das „neue Jerusalem“ sein, das aus den Himmeln zu den Menschen hernieder kommt. Die Menschen, welche in der neuen Lehre leben, werden wandeln im neuen Jerusalem und darin ewig wohnen, und ihrer Seligkeit wird nimmer ein Ende sein. Denn Ich selbst werde bei ihnen sein, und sie werden schauen die zahllosen Herrlichkeiten Meiner Liebe, Weisheit und Allmacht.“

*[Ev. Bd. 7, Kap. 54, 5]*

# Das Thema

Viele Inhalte der Bibel wurden mit den Jahren durch im Geiste *nicht*-erweckte Theologen verändert und falsch ausgelegt, so dass es den Gläubigen unserer Zeit immer schwerer fallen muss, den inneren Sinn des Wortes Gottes zu erfassen und selbst Erleuchtung zu erfahren. Wie zu allen Zeiten der Menschheitsgeschichte leitet der Herr gerade dann Sein reines Wort zur Erde herab, wenn Finsternis und Wirrnisse am größten sind. Wir leben inmitten der verheißenen Zeit der Wiederkunft Christi, doch darunter, wie auch unter dem gesamten Glaubensleben, stellt sich der moderne Mensch heute etwas anderes vor als es in Wahrheit ist und sein sollte. Viel zu materiell sind die Begriffe vom Dasein geworden, als dass ein geistiges Verständnis vom Leben überhaupt noch möglich wäre. Bildung und Erkenntnis sind schon die Grundpfeiler des zeitlichen Lebens. Der Herr möchte in uns, durch die Erkenntnis der Wahrheit des Lebens, Seinen Geist erwecken und unsere Gemüter ausbilden zur Liebe und damit zum ewigen Leben unserer Seelen. Der Glaube an das Wort Christi und dessen Befolgung bilden dafür die Grundlage, jetzt und in Ewigkeit. Gott Selbst, in Seiner Wiederkunft als der Christus, dem Geist der Wahrheit aus Seinem Ur-Lebenszentrum der Liebe, lehrt uns hier persönlich in Seinem wiedergekommen Wort der Neuoffenbarung.

# Die Neuoffenbarung Gottes

Es ist eines der vielen Wunder, die in der Heilsgeschichte schon so oft für Überraschungen gesorgt haben, dass der Prozess der "Wiederkunft Christi im Wort" in aller Stille vor sich ging. In größter Verborgenheit geschah es, dass der "Schreibknecht Gottes" Jakob Lorber vor bereits über einhundertfünfzig Jahren den Grund legen durfte für eine neue Ära der Menschheitsgeschichte. Es war Gottes Kalkül, in einer relativen Zeit der Verborgenheit alles vorzubereiten, dass das Licht plötzlich hervorbrechen konnte. Allein schon die Naturwissenschaften bestätigen heute das Weltbild der Neuoffenbarung in einer Weise, die niemand für möglich gehalten hätte. Im Gegensatz zu den Schriftensammlungen in der Bibel ist hier der Herr Selbst durchgängig der Erzähler und lehrt uns persönlich in direkter Ansprache. Diese unmittelbare Nähe Jesu im Wort unterscheidet die Neuoffenbarung von der alten Bibel, weil hierin der Herr wiedergekommen ist zu den Seinen, wie Er es auch im Gleichnis von den klugen Jungfrauen verheißen hat. Denn nur, wer mit dem rechten Glauben das Wort liest, d.h. ohne Überheblichkeit und aus wirklicher Liebe zu Gott und all Seinen Werken, der wird den Herrn auch darin erkennen, alle anderen aber – und das sind die meisten – werden es verwerfen und damit die Wahrheit, die der Herr ja Selbst ist im Wort, abermals verfolgen und bekämpfen.

# *Die Neuoffenbarung*

Eine Hinführung zum neuen Wort Gottes und der Wiederkunft Christi

*Beleuchtet von Johannes Wilhelm*

1. Auflage
Taschenbuchausgabe von 2018
Herbst Medien – Musik- & Buchverlag

ISBN: 9783947465149

# Inhaltsverzeichnis

# Vorwort

"Alles was wir brauchen, steht in der Bibel!", so sagen heute die Bibelchristen, und darüber hinaus brauche es keine Offenbarungen Gottes mehr!... Aber versteht man die Bibel auch im Geist hinter den toten Buchstaben?.. Die Propheten, die Vision des Johannes, das Johannes- und Matthäus-Evangelium... all dies ist nicht durchgängig buchstäblich gemeint, weil zum Teil voller Widerspruch und grausamen Anscheins. Dass Dinge, wie: das „Abhacken einer Hand“, das „Augenausreißen“ oder „Kinder gegen Felsen schleudern“ nicht wörtlich verstanden werden dürfen, weiß man heute, aber vieles wollen die modernen Bibellehrer, Theologen und Gemeinden heute wieder wörtlich nehmen, wie z.B. das Wiederkunftgeschehen JESU und die damit verbundene Entrückung der Gemeinde.

Alle lesen dasselbe Bibelwort. Warum legen die einen die Bibel so aus und die anderen so?... Wo ist die Einheit unter den Christen?... Wenn man ein Senfkorn betrachtet, was ich mit einem (unverfälschten) Wort Gottes aus der Bibel vergleiche, dann ist in diesem Samen Unendliches enthalten, was das natürliche Auge nicht sieht. Erst wenn man mit dem Samenkorn entsprechend verfährt und es in gutes Erdreich legt (was einem liebenden, dienendem Herzen gleicht), dann wird sich der in ihm ruhende Geist bemerkbar machen und sich entwickeln müssen - weil dies ein Gesetz der ewigen Ordnung Gottes ist - und es wird weit, weit mehr, als nur das eine Samenkorn herauskommen, nämlich unendlich viele, welche alle in dem einen Samen (oder dem einen Wort Gottes) verborgen liegend ruhen und die auch wieder unendliche Samen in sich bergen. Deshalb ist die Bibel zweierlei: Ein äußeres Wort und ein inneres Wort im Äußeren Wort... aber niemals nur *ein* Buch!

Wenn, mal angenommen, der Heilige Geist mir die Bibel schon weit mehr enthüllt hätte, als es bei studierten Bibellehrern der Fall ist, und ich darum von ihnen angegriffen würde, weil ich Dinge sehe und sage, die tief im Wort der Bibel verborgen liegen, welche sie bloß noch nicht sehen können... sollte ihnen dann nicht die Bibel auch die Erklärung dafür geben:

> Joh.3,11. „Wahrlich, wahrlich, Ich sage es Dir: Wir (Geistigen) reden (ganz natürlich), das wir wissen, und zeugen (von dem), was wir gesehen haben, und ihr möget unser Zeugnis nicht (verstehen) und annehmen!“

Oder auch:

> Joh.3,8. „Der Wind weht, wo er will, und du hörst sein Sausen wohl; aber du weißt es nicht, von wo er kommt und wohin er fährt. Also ist ein jeglicher, der aus dem Geiste geboren ist.“...

Das heißt: So verhält es sich mit jedem, der aus dem Geist kommt und spricht mit ihnen. Sie hören oder lesen es zwar, aber weil er in seiner geistigen Weise zu ihnen spricht, so fassen und verstehen sie nicht, woher er es hat und was er damit sagt und bezeichnet. Wer aber einen redlichen Glauben hat, der wird es zur rechten Zeit schon auch erfahren, dass er solche Dinge fassen und verstehen wird...

Die Bibel gibt uns doch die Anleitung, d.h. JESUS gibt sie uns, und ich sage noch hinzu:

➔ Würden alle Christen *nur* die Worte JESU in Seinem Johannes-Evangelium der Bibel in der Tat und mit demütig liebendem Herzen befolgen... wir *alle* hätten denselben Aufschluss der Bibel!...

Die Neuoffenbarung (durch den Propheten Jakob Lorber in göttlichem, täglich 4-stündigen Diktat während 25 Jahren äußerer Armut empfangen) ist ein weiterer großer Aufschluss der Bibel für uns, und zwar aus purer Gnade, weil die Christenheit heute - eben durch den Sauerteig der (Pharisäer) Bibel-Ausleger, die nicht mit Demut und Liebe das Gotteswort deuten und gedeutet haben, sondern vielmehr aus Eigeninteresse - zerstreut ist. Zudem ist sie eine Vertiefung, Ergänzung und Weiterführung der göttlichen Wahrheit.

Was schrieb Johannes (Joh.21,25):

> „Es sind auch viele andere Dinge, die Jesus getan hat; so sie aber sollten eines nach dem anderen geschrieben werden, achte Ich, die Welt würde die Bücher nicht begreifen, die zu beschreiben wären."

Dieser Vers klärt darüber auf, dass JESUS zu Seinen Aposteln und den geistig fortgeschritteneren Menschen noch ganz etwas anderes sprach, als was wir im Neuen Testament finden. Es steht aber zugleich nicht dabei, dass es Gott verboten sei, im Laufe der

Zeiten, das Geoffenbarte auch Seinen Kindern neu zu offenbaren, wenn sie geistig fortgeschrittener sein werden als es damals die große Masse des Volkes war. Die weiteren Lehren, die JESUS damals gab und die Wunder, die Er wirkte und die nur erwähnt, aber nicht im neuen Testament aufgezeichnet sind –

> (Joh.20,30: Jesus tut aber noch viel andere Zeichen oder Wunder vor seinen Jüngern, die nicht geschrieben sind in diesem Buche des Evangeliums im Neuen Testament)

- diese finden wir in dem großen Evangelium, das Gott durch Jakob Lorber schreiben ließ, weil die jetzige Generation geistig höher steht, als sie zu Jesu irdischen Lebzeiten stand.

Dass die modernen Bibelchristen diese Lehren des Großen Johannes Evangeliums für Ketzerei, falsches Prophetentum, Betrug, Schwindel, spiritistische Mitteilungen, Gotteslästerung, Wahnsinn usw. halten, beweist deutlich genug, dass sie noch nicht soweit geistig fortgeschritten sind, um diese Kost aus den Himmeln verdauen zu können, weil sie die Wahrheit von der Lüge nicht unterscheiden können, da sie die Wahrheit für Lüge und die Lüge für Wahrheit halten und gegen die Wahrheit vorgehen! Sie verwerfen die göttlichen Aufklärungen, aber die falschen Auslegungen ihrer Bibellehrer halten sie für wahr und richtig!

Die Neuoffenbarung JESU ist ein weiteres Geländer für uns auf dem Weg in das himmlische Jerusalem, das inwendig im Menschen ist und das auch nur dort gefunden werden kann... ohne Verdienst, aber durch

Redlichkeit, denn die Wahrheit ist der Geist in allem, und Gott ist dieser Geist in JESUS CHRISTUS.

Diese Wiederkunft der Wahrheit für die Menschen ist die Wiederkunft Christi, und die Wahrheit ist, wie wir wissen, im Wort... Die Wahrheit, als die geistige Person Jesu, kommt verhüllt, so, wie auch die Sonne von Wolken verhüllt den Tag spenden kann, weil zu viel Licht der Frucht schadet... So steht es in der Bibel, dass der Herr „in den Wolken des Himmels" kommen wird... Auch der Prophet Daniel weissagte diese Wolken schon für das Erscheinen des Menschensohnes (Dan.7,13)... doch auch damals schwebte Er nicht vom Materie-Himmel herab, sondern Er kam, wie jeder andere Mensch auch, durch eine Geburt zur Welt! Die „Wolken" beschreiben lediglich die Weisheit (Wahrheit), mit welcher Er in Erscheinung tritt, und die den großen Glanz Seiner Göttlichkeit verhüllen, damit niemand einen Schaden erleide...

Warum also soll die Wiederkunft Christi im Wort nicht schon längst geschehen sein, während die Christenheit in den gestirnten Himmel schaut, wie noch bis zur Stunde die Juden es ebenfalls tun, die zusätzlich noch auf einen feurigen Elias-Wagen am Himmel warten müssen, der vor dem Messias dort erscheinen soll...?! Wir Christen heute wissen, dass Johannes der Täufer eben dieser Vorläufer Elias war. Der „Himmel" war der Geist aus dem er sprach, und das Feuer war die Schärfe der Wahrheit seines Wortes gegen die Pharisäer (als dem Sinnbild des Verstandestums)... so wie damals, so ist auch heute der Herr längst wiedergekommen im Geist (Himmel) und ist im Wort (das der Herr Selbst ist als der Sohn der ewigen Liebe) wieder mitten unter uns, doch die Seinen Namen anrufen erkennen IHN abermals nicht und starren in die Materie, denn sie erwarten nur, was sie erwarten wollen und sehen sich selbst als die Auserwählten...

➔ Das aber macht sie unbelehrbar, so, wie noch heute die Juden es sind...

Also werden nur jene den Herrn wiederkommen sehen, die auch genug Öl in ihren Lampen werden haben. Die Lampe aber ist das Herz oder Gemüt des Menschen. Das Öl ist sanft, weil es zart und geschmeidig ist, demütig, weil es wie das Wasser den Weg in die Niederungen sucht, und liebevoll, weil entflammbar! ...

Und nun gibt es noch eine ganz andere wichtige Betrachtung des heutigen Wiederkunftsgeschehens JESU:

Es waren damals nicht die Juden, die den Herrn erkannten und annahmen als ihren Messias, ganz im Gegenteil sogar, diese verfolgten und töteten IHN schließlich und verfielen daraufhin in Zerstreuung und Erkenntnislosigkeit... Nein, es waren die Heiden, die Andersgläubigen! Der berufene und schlagkräftige Paulus war ein Apostel für die Heiden, und mehrheitlich über ihn gründeten sich die neuen Gemeinden und schließlich das uns heute bekannte Christentum.

Zu Beginn erwähnte ich, dass die heutigen „Bibel-Christen“ sich an der Bibel allein genügen lassen und jede Neuoffenbarung als „vom Teufel kommend“

ansehen und pauschal ablehnen und bekämpfen. Auch für die Juden gilt das Neue Testament nichts... Hier besteht ein Zusammenhang, und es drängt sich die Frage auf: Wiederholt sich das alles, und werden die Bibelchristen Jesu Wiederkunft möglicherweise ebenso verpassen, wie die Juden die Ankunft des Messias verpasst haben, da jeder sich für Auserwählt hält, man biblisch, bzw. prophetisch begründete Vorstellungen vom Geschehen hat und dann aber doch alles ganz anders kommt als erwartet?... Die Juden töteten den Menschen Jesus... verfolgen die Bibelchristen nicht ebenso den Herrn und bekämpfen IHN, wenn sie die Wahrheit nicht gelten lassen wollen, die ja der Herr Selbst ist in den entsprechungsbildhaften „Wolken des Himmels"?...

Dann doch muss Sich der Herr, die ewige Wahrheit Selbst, ebenso wieder an Menschen wenden, die frei von Aberglauben, Dogmen, Rieten, Gebräuchen, Gesetzlichkeit, Starrsinn, Unbeugsamkeit und Unbelehrbarkeit sind... und da sind heute ganz, ganz viele Menschen, die nach Antworten suchen, nach Sinn, die verständig und gebildet sind und bereit, tief begründete Wahrheiten nachzuvollziehen und anzunehmen, wenn diese ihnen geboten werden. Die wissbegierig sind, Dinge hinterfragen, nach Antworten suchen, nicht blind glauben und papageimäßig nachplappern was man ihnen vorsetzt – wie beispielsweise, dass die Erde in nur 7 Tagen erschaffen wurde, weil es so in der Bibel steht, usw... An diese Fragenden und Suchenden Menschen, die heute eine größere Seelenreife und

Bildung besitzen als dies noch vor 2000 Jahren der Fall war, da nur ein kleiner Kreis um Jesus in ein tieferes Wissen eingeweiht werden konnte, richtet sich das neue Wort Gottes, der wiedergekommene Jesus.

Zur Erinnerung: Damals waren es die Römer, als die damaligen Heiden, die Jesus tolerierten und annahmen, aber die vermeinten Auserwählten achteten Seiner nicht nur nicht, sondern verfolgten und töteten IHN sogar hinterlistig!

Bei sehr vielen Menschen ist heute der Wunsch nach Religion (Religio = Rückbindung) stark vorhanden, aber sie sind ratlos und stellen die Pilatusfrage: „Was ist Wahrheit?"... An diese Suchenden wendet sich der wiedergekommene Jesus wie einst, und Er gibt ihnen Aufschluss - neben der detaillierten Heilsbotschaft - über alle, den Gelehrten heute physikalisch fassbaren Begriffe von Mikro- und Makrokosmos.

Warum tut das der Herr? Die Erklärung ist naheliegend: In der Neuoffenbarung ist zum Beispiel vorausgesagt, dass die Menschen unserer Zeit fast völlig glaubenslos werden (hierzu betrachte man die vielen Kirchenaustritte und die riesige Anzahl von Atheisten). Die Mehrheit der Menschen und viele Wissenschaftler lehnen heute alles kategorisch ab, was nicht experimentell nachweisbar ist. Weil der Glaube transzendent ist, führt dies zur Ablehnung alles Geistigen, man nennt das den „Positivismus". Es müssen also auch diesmal vom Herrn Wunder bewirkt werden, wie einst. Heute sind es die vielen wissenschaftlichen Erkenntnisse, die ER vorweg nimmt, wie z.B. den

Doppelcharakter des Lichts, die Elementarteilchen, Parallel-Universen oder Aussagen über den Vormenschen (Präadamiten). Bis heute gibt es ca. 40 bestätigte Aussagen, aber noch zahlreiche bislang unentdeckte wissenschaftliche Erkenntnisse, wie z.B. den Aufbau der Erde, des Universums oder des menschlichen Gehirns. Auf all das wird man noch stoßen, und man kann es aber schon jetzt erfahren in der Neuoffenbarung. Die Tafel ist also bereitet, und der Mensch ist wie immer völlig frei in seinem Handeln. Wäre er nicht frei, dann wäre er kein Ebenbild Gottes...

*Hanno Herbst*

# Einleitung: „Noch vieles hätte Ich euch zu sagen...“ (Joh.16,12-14)

*Von Prof. Franz Deml*

Für die Christenheit, ja für die Menschheit als Ganzes, kann es kein größeres Ereignis geben, als dass die Verheißungen des Herrn im Johannes-Evangelium sich wahrmachen:

> “Noch vieles hätte ich euch zu sagen, doch ihr könnt es jetzt noch nicht ertragen (fassen). Wenn aber jener, der Geist der Wahrheit, kommt, wird er euch in alle Wahrheit einführen. Er wird nicht aus sich selber sprechen; er wird vielmehr reden, was er hört, und wird euch verkünden, was künftig ist.” (Joh. 16, 12-14)

Der Inhalt dieser Worte lässt keinen Zweifel daran, dass es sich hier um künftige Prophetien handelt. Tatsächlich hat es auch in der christlichen Ära, nicht nur im Alten Bund, eine fortlaufende Prophetie gegeben, die leider bei den institutionellen Kirchen zu wenig Beachtung fand. Mit der willkürlich gesetzten und unbegreiflichen These, dass spätestens mit dem Tode der Apostel alle Offenbarung endgültig abgeschlossen sei, gewährte man der Stimme des Heiligen Geistes nur wenig Spielraum mehr.

Nun hat aber schon der zu seiner Zeit hoch gerühmte Zisterzienserabt Joachim von Fion (gest. ca. 1205), der selbst ein großer Prophet war, in seiner

Dreizeitenlehre darauf hingewiesen, dass nach der Offenbarung des Johannes, zu Beginn des sogenannten Geistzeitalters (d.h. kurz vor dem Endgericht), den Menschen ein "Ewiges Evangelium" verkündet werden wird. Der betreffende Text bei Johannes lautet:

> "Und ich sah einen anderen Engel fliegen durch die Himmelsmitte, der hatte ein Ewiges Evangelium zu verkünden über die Erdbewohner und über alle Nationen und Stämme und Sprachen und Völker..." (Joh. Offb. 14,6)

Wir müssen uns nun fragen: Hat es vielleicht eine solche Verkündigung nicht schon längst gegeben oder müssen wir noch darauf warten? Wir können es jedenfalls als ein heilsgeschichtliches Omen betrachten, dass auffallenderweise sogleich mit dem Beginn der Neuzeit die Prophetengabe in einem Ausmaß wuchs, dass niemand mehr, auch die Kirche nicht, daran vorbei kann.

Schon mit J. Böhme und E. Swedenborg waren Höhepunkte erreicht, die schließlich noch durch den größten aller christlichen Propheten, durch Jakob Lorber (1800 - 1864), weit übertroffen wurden. Durch ihn hat zweifellos der verheißene Heilige Geist sein ganzes Füllhorn ausgegossen. Besonders ist es das zehnbändige "Große Evangelium Johannes", das anhand von detaillierten Schilderungen aller Vorgänge im Leben Jesu während seiner drei Lehr- und Wanderjahre "in alle Wahrheit einführt". Erst recht aber wird in dieser Prophetie die folgende Verheißung Jesu wahr:

> „Der Beistand aber, der Heilige Geist, den der Vater in meinem Namen senden wird, der wird euch alles lehren und euch an alles erinnern, was ich euch gesagt habe.“ (Joh. 14,26)

Wie sehr treffen gerade diese Worte auf das “Große Evangelium Johannes” zu! Aber auch die großen Jenseitswerke Lorbers sind eine unerschöpfliche Quelle tiefster Erkenntnisse.

Diese sogenannte Neuoffenbarung - die nirgends in Widerspruch steht zur Altoffenbarung, das heißt zu den überkommenen vier Evangelien, sondern ihren Inhalt erst voll zur Entfaltung bringt, - ist ein “Licht aus den Himmeln”, das in allen Dingen Klarheit schafft und keine Fragen offen lässt. Ja, sogar die alte Unstimmigkeit zwischen Wissenschaft und Glauben wird dadurch vollständig behoben, da sie auch die naturgeistigen Vorgänge im Schöpfungsbereich, in Makrokosmos und Mikrokosmos, bis ins letzte durchleuchtet. Das physische Universum in seiner Gesamtheit ist in dieser Prophetie ebenso enthalten wie der astrale und geistige Kosmos, Diesseits und Jenseits. Wir erhalten Auskunft über die Entstehung der Welten wie über den Verlauf der Heilsgeschichte, über das Wesen Gottes und der Engel, und erst recht über den Menschen und seine ewige Bestimmung. Dass Christus als der geoffenbarte Vater und Erlöser der Welten bei alledem im Mittelpunkt steht, ist selbstverständlich. -

Es ist eines der vielen Wunder, die in der Heilsgeschichte schon so oft für Überraschungen gesorgt haben, dass dieser Prozess der “Wiederkunft Christi im

Wort" in aller Stille vor sich ging. In größter Verborgenheit geschah es, dass der "Schreibknecht Gottes" Jakob Lorber vor bereits über hundert Jahren den Grund legen durfte für eine neue Ära der Menschheitsgeschichte. Es war Gottes Kalkül, in einer relativen Zeit der Verborgenheit alles vorzubereiten, dass das Licht plötzlich hervorbrechen konnte. Allein schon die Naturwissenschaften bestätigen heute das Weltbild der Neuoffenbarung in einer Weise, die niemand für möglich gehalten hätte.

Wie immer bei prophetischen Kundgaben bediente sich der Herr auch bei Jakob Lorber der höchst eigenen Sprache des Mediums. Es darf uns daher nicht wundernehmen, wenn altertümelnde Ausdrucksweisen in Stil und Mentalität der damaligen Zeit vorherrschend sind. Dass es in der Hauptsache eine Herzenssprache ist, mit vielen volkstümlichen Beimengungen, erleichtert das Lesen. Wahrheitsgehalt und Weisheitstiefe der göttlichen Einsprache aber werden in keiner Weise beeinträchtigt.

Das Neuoffenbarungs-Schrifttum, z.B. durch Jakob Lorber mit seinen 25 zum Teil sehr umfangreichen Bänden, hat bereits eine Auflage von über einer Million Exemplaren erreicht. Und hatte man es früher in kirchlichen Kreisen kaum beachtet oder direkt abgelehnt, so setzen sich heute in der großen Glaubenskrise und Seelennot unserer Zeit immer mehr Geistliche ernsthaft damit auseinander; ja, manche von ihnen sind aufs äußerste beeindruckt.

So schreibt zum Beispiel der evangelische Theologe D. Dr. Kurt Hutten: "Dieses Weltbild hat Tiefe und Kraft, umfasst alle Ebenen des menschlichen Seins und der Geschichte, enthält großartige Vorstellungen wie die des großen Schöpfungsmenschen und hat in erstaunlicher Weise moderne Forschungsergebnisse vorweg genommen, so z. B. die in der Atomphysik erfolgte Auflösung der Materie in Energie und Bewegung. In einer Zeit, in der sich die Dimensionen des Universums durch die Astronomie ins Unermessliche geweitet haben, unsere Erde als ein winziges, belangloses Stäubchen erkannt worden ist, das im Reigen der Sonnen und Milchstraßen verloren umhertreibt, und der Mensch sich in einer frierenden Einsamkeit und Verlorenheit vorfindet, kann das Weltbild Lorbers eine große Hilfe sein. Es gibt der Erde samt ihrer Geschichte und Heilsgeschichte ihre Würde wieder, verleiht dem Glauben eine kosmische Weite, verwebt Diesseits und Jenseits, Mikrokosmos und Makrokosmos ineinander, preist die alle Schöpfung durchwaltende Liebe Gottes und weist mit alledem den Menschen einen Weg zur Geborgenheit."

Der katholische Theologe Robert Ernst: "...25 Bände hat Jakob Lorber in 24 Jahren geschrieben. Ein Monumentalwerk, das über das Fassungs- und Schaffensvermögen des genialsten Philosophen, Theologen und Schriftstellers hinausgeht."

Der evangelische Theologe Helmut von Schweinitz: "Das Phänomen Lorber mit der Deutung der Tiefenpsychologie abzutun, ist keine überzeugende

Erklärung, denn was in seinen Schriften an die Oberfläche des Bewusstseins tritt, sind Erkenntnisse, die aus der Sphäre seines beschränkten menschlichen Wissens nicht stammen können. Zu ihrer Aneignung würde ein Menschenleben nicht ausreichen und alle schöpferische Phantasie nicht genügen. Genauso wenig kann das Lebenswerk Lorbers durch philosophische oder theologische Spekulation erklärt werden. Es bleibt bei ihm wie bei allen prophetischen Phänomenen ein unerklärbarer Rest.

Bei der Untersuchung der Frage, wie Neuoffenbarung und Altoffenbarung zusammen-stimmen, stellt der evangelische Pfarrer Hermann Luger fest: "Beide stehen auf demselben göttlichen Grund. Lorbers Schriften atmen durchaus biblischen Geist. Nicht nur der Inhalt seiner beiden Hauptwerke "Das große Evangelium Johannes" und "Die Haushaltung Gottes" ist ein biblischer, auch seine anderen Werke sind kernbiblisch. Viele Aussprüche und Reden des Herrn im Großen Evangelium Johannes könnten geradeso gut in einem der vier biblischen Evangelien stehen. Dass sich bei Lorber vieles findet, was in der Bibel, besonders in den vier Evangelien, vollständig fehlt - wie zum Beispiel die Reden des Herrn über die Himmelskörper und die Geheimnisse der Schöpfung -, braucht uns nicht wunderzunehmen und beweist nichts gegen den biblischen Charakter der Neuoffenbarung. Es ist nur verständlich, dass Jesus in den drei Jahren seiner öffentlichen Tätigkeit viel mehr geredet und getan haben muss, als in den Evangelien der Schrift erzählt wird; und wir glauben daher ein Recht zu haben, in der Neuoffenbarung geradeso gut Gottes Wort zu sehen wie in der Bibel. Bibel und Neuoffenbarung sind für uns zwei gleichberechtigte Erscheinungen, die ein und demselben Urgrund entspringen und von denen die eine durch die andere erst recht an Wert und Bedeutung gewinnt."

*Vorwort aus dem „Großen Evangelium Johannes“ von Prof. Franz Deml*

# Heute erst sind tiefgehende Neu-Offenbarungen Gottes an die Menschheit möglich

*Hat Jesus der Öffentlichkeit bestimmte Lehren vorenthalten, die er den Aposteln und diese nur Eingeweihten weitergaben?*

Jesus konnte zu seinen Lebzeiten dem damaligen Volke nur verhältnismäßig wenig von den Geheimnissen der Schöpfung usw. sagen. Seine Apostel erhielten dagegen tiefe Einsichten, die sie allerdings oft nur schwer zu verstehen vermochten. Deshalb wurde ihnen auch manches verhüllt gesagt. Außerdem waren sie von Jesus der Arkandisziplin unterworfen worden, d. h. gewisse Kenntnisse durften sie nur ihren Nachfolgern unter dem Siegel der Verschwiegenheit weitergeben. In den ersten Jahrhunderten war das in den führenden Kreisen der Kirche noch bekannt. Dies wird aus dem Schrifttum der damaligen Zeit klar erkennbar. Der große Bibelgelehrte Origenes (250 n. Chr.) schreibt, dass es eine Geheimlehre, die höhere 'Disciplina arcani' gibt. Nur den Priestern und Lehrern sei das Tiefste anvertraut. (Hom. V. 1 in num. p. 39 f 22-39)

Aus der Neuoffenbarung ist zu entnehmen, dass Jesus seinen Jüngern mehrfach Anweisungen zur

Geheimhaltung bestimmter Lehren gegeben hat. Es heißt dort: "Das Außerordentliche braucht ihr nicht allen Menschen zu verkünden, sondern nur denen, die euch im Amte folgen werden." (Großes Evangelium Johannes = GJE, Band 8, Kap.77,17)

"Doch aber sage Ich euch allen hinzu, dass ihr alle vorderhand die Völker nicht alles das lehren sollt, was Ich euch nun gezeigt habe. Lehrt sie vor allem Gott erkennen und lebendig an Ihn glauben und Ihn lieben über alles! Alles andere wird ihnen nach dem Bedarfe der Geist selbst enthüllen." (GJE, Band 5, Kap.117,07) "Es fragten Mich Johannes und Matthäus, ob sie das alles aufzeichnen sollen. Ich sagte ihnen dazu: 'Das könnt ihr tun für euch, aber fürs Volk braucht ihr das nicht aufzuzeichnen; denn das ist noch um zweitausend Jahre zu jung, um das zu fassen. Den Schweinen aber soll man die Perlen nimmer vorwerfen, weil sie solche Kost von der schlechtesten Schweinekost gar nie zu unterscheiden vermögen. Aber für euch und für wenige andere könnt ihr das ja immerhin aufzeichnen.'." (GJE, Band 2, Kap.218,14)

*Recherchiert und kommentiert von Kurt Eggenstein, aus dem Buch „Der unbekannte Prophet Jakob Lorber“*

# Gott kommt immer „in den Wolken“ zu den Menschen

*Warum die Wahrheit verhüllt gegeben wird und eine Lehre der jeweiligen Reife der Hörer entsprechen muss*

Der Herr berichtet in der Neuoffenbarung aus einer Unterredung mit einem Römer:

„Sagte Ich (Jesus): »Mein Freund, was du wünschst (dass jeder die Wahrheit erfahre, *HH*), das wird auch geschehen! Aber so leicht, wie du es dir vorstellst, wird es wahrlich nicht gehen. Denn es hat das alte Priestertum schon zu tiefe Wurzeln geschlagen, und das hebt man von heute bis morgen nicht auf! Dazu gehören Jahrhunderte. Und selbst da wird es auch noch vielfach seine geweisten Wege haben: und in ein paar tausend Jahren wird diese Erde noch lange nicht frei sein von allem Priestertum und noch weniger von allem Heidentum.

Die Weltmenschen gefallen sich in der Welt, und so muss auch eine Gotteslehre ganz weltlich aussehen, wenn sie bei den Menschen einen Anklang finden soll.

Die Wahrheit wird stets nur verdeckt den Menschen dieser Erde gegeben werden; denn offen würden die Menschen sie ebenso wenig ertragen, wie du das Licht der Mittagssonne mit offenen Augen zu ertragen imstande bist. Die Menschen müssen denken lernen, dann suchen und selbst finden. Und hat ein Mensch das innere Licht des Lebens nicht selbst gefunden, so nützen ihm tausend Lehrer nichts. Und es ist da am Ende schon eins, ob er das Licht für Finsternis oder die Finsternis für Licht hält.

Daher muss ein Mensch wohl einen Stoß zur Aufsuchung der Wahrheit bekommen, aber die volle Wahrheit niemals urplötzlich; denn diese würde kein Mensch ohne Verlust seines irdischen Lebens ertragen, so sie ihm auf einmal völlig klar würde. Und so werden wir bei den Menschen dieser Erde auch noch lange Zeit hin mit der ganzen, vollen Wahrheit nicht gar so geschwinde herauskommen können. Du bist ein pur vernünftig gebildeter Römer, und Ich kann darum mit dir auch nicht anders als nur ganz natürlich reden. Aber urteile nun selbst, ob Ich nicht völlig recht habe!«

Sagte der Römer: »Das sicher; aber ich begreife da die Weisheit Gottes nicht und noch um vieles weniger Seine Allmacht! Hat Er denn nicht diese ganze Erde samt der Menschheit erschaffen, und hängt nicht alles Sein von Ihm ab?«

Sagte Ich: »Allerdings, aber auch vor allem die wahre, innere Lebensbildung und vor allem die mögliche volle Selbständigkeit und Selbstkraft des geschaffenen Lebens eines jeden Menschen! Und diese kann Gott nur durch Seine möglichste Zurückgezogenheit und eben auch nur durch ein leises Einfließen in das Gemüt des Menschen nach und nach bewirken.

Daher muss der Mensch anfangs nur durch allerlei

Erscheinungen in der Materiewelt und dann durch manche Träume sogar und durch kleine innere Stößchen dahin gebracht werden, dass er über alle die Erscheinungen und Wahrnehmungen nachzudenken anfängt, - und das nicht gleich ein jeder Mensch, sondern nur der, welcher ganz geheim von Gott dazu bestimmt ist. Die andern hören es dann erst von solch einem geweckteren Menschen, machen dann auch Beobachtungen und denken darüber nach.

Wenn besonders geweckte Menschen viel darüber nachdenken, so wird es erst zugelassen, dass sie von selbst auf die Spur kommen, dass es einen Gott geben muss, der alles werden lässt und alles ordnet und leitet. Auf diese Weise entwickelt sich auf dem ganz natürlichen Wege die Erkennung eines allmächtigen, allgütigen und allweisesten Gottwesens.

Ist einmal die Menschheit allgemeiner zu dieser Erkenntnis gelangt, dann erst werden größere Offenbarungen und genauere Bestimmungen zugelassen, aus denen die Menschen schon heller und mit einer größeren Zuversicht das Gottwesen zu erkennen anfangen, aber dabei doch noch einen großen, ganz freien Spielraum haben, alles das ihnen Geoffenbarte als Wahrheit anzunehmen und danach zu handeln oder auch nicht anzunehmen und nicht danach zu handeln.

Wer die Offenbarung als wahr annimmt und danach handelt, der kommt dann auch bald zu stets hellerem Erkennen und zum wahren, selbständigen, freien Leben. Wer aber das nicht annimmt, sondern sich allein auf seine Vernunft und an seine Erfahrungen hält und danach handelt, der begeht darum keine Sünde; aber er bleibt dennoch zurück und wird um sehr vieles länger zu tun haben, bis er zur reinen Erkenntnis Gottes und zur Vollendung seines inneren, wahren Lebens gelangen wird.

Wer aber die volle Wahrheit einer Offenbarung annimmt und sie mit seinem Verstande klar einsieht, aber eigenwillig dagegen handelt, der sündigt und verdirbt dadurch sein Leben auch jenseits auf eine für euch oft undenkbar lange Zeitenfolge; denn der ist allen inneren Lichtes bar, da er weder seiner absoluten Vernunft, noch der wohlverstandenen Offenbarung willig Folge geleistet hat.

Wenn aber eine Seele also durch ihr eigenes Verschulden in die dickste Lebensfinsternis gelangt, so kann ihr Gott mit aller Seiner Allmacht auch nicht helfen, sondern muss sie in ihrem eigenen Zustande belassen, so lange, bis sie noch immer möglicherweise in sich anfängt, zu einiger Erkenntnis zu kommen. Ist das der Fall, so hat Gottes Liebe und Weisheit der geeignetsten Mittel und Wege in endlosester Fülle, solch eine Seele auf die unbemerkbarste Art zurechtzubringen. Und siehe, also steht das Verhältnis zwischen Gott und allen Menschen auf dieser Erde, welche da ist, um die Kinder Gottes zu tragen.

Was das Verhältnis der Menschen anderer Erden (zu Gott) betrifft, so geht das den Menschen dieser Erde gar nichts an; wenn sie aber als Kinder Gottes vollendet sein werden, dann erst werden sie das vollste Recht aus Gott, ihrem Vater, überkommen, sich auch darum zu bekümmern.

Nun aber geschieht von Gott aus für die Menschen dieser Erde wohl die höchste Offenbarung; denn mehr als Ich Selbst im Fleisch der Menschen kann zu den Menschen dieser Erde ewig nimmer kommen. Wohl dem, der an Mich glaubt, sich nicht an Mir ärgert und dann also lebt und handelt, wie Ich es hier offenbar lehre! Denn wer Meine Worte hält und genau danach lebt und handelt, der wird es bald innewerden, dass diese Worte, die Ich zu euch rede und geredet habe, nicht Menschenworte, sondern Gottesworte sind, die in sich selbst Leben, Licht und die ewige Wahrheit sind.«"

*J.L., Großes Johannesevangelium, Band 6, Kap. 204, Recherchiert von Kurt Eggenstein, aus dem Buch „Der unbekannte Prophet Jakob Lorber"*

# Tiefere Enthüllungen der Lebensgeheimnisse sind nicht für alle bestimmt

*Für wen sind Jesu Neuoffenbarungen und Bibel-Enthüllungen vor allem gedacht und gegeben und für wen nicht?*

Jesus berichtet in der NO (= Neuoffenbarung) aus einer Unterredung mit Seinem Jünger Johannes: »Herr, da lohnt es sich wohl kaum der Mühe, solche Anstrengungen der dummen Menschen wegen zu machen! Denn so Dein nun den Menschen gegebenes hellstes Lebenslicht nur zu bald wieder verfinstert wird durch die stets siegreiche Mühe des Satans, so soll er die Menschen haben, wie sie nun sind, als ganz reif für sein höllisches Weltreich. Wozu sollen diese Menschen zuvor mit Deinem Lebenslicht begnadet werden?! Wahrlich, so das die Früchte Deiner göttlichen Lehre sein werden, so hieße das wohl - wenn man nämlich die Weltmenschen in Deiner Lehre unterwiese - allen Schweinen der Welt Deine Lebensperle zu einem gemeinsten Fraße vorwerfen! Man gebe ihnen den edlen Stoff gar nicht, so werden sie ihn auch nicht verderben und verunreinigen können!«

Sagte Ich: »Ja, Mein Freund, um derjenigen Menschen willen, die nicht daran glauben und das, was sie von Meiner Lehre irgend hören, des weltlichen Gewinnes wegen noch verfälschen werden, wird die Lebenslehre von Mir auch nicht gegeben; denn für solcher Menschen Seelen mögliche und weitere Ausbildung habe Ich noch gar endlos viele und große Schulhäuser in der ganzen Unendlichkeit.

Nur für Meine wahren Kinder auf dieser Erde gebe Ich diese Lehre, und diese sind auch in der wahren Erlösung vom ewigen Tode einbegriffen. Diese aber werden diese Lehre auch stets rein erhalten und werden sich nie in die Macht des Weltbetruges fügen, sondern sie werden diamanten-fest an der ewigen Lebenswahrheit fest-halten.

Was liegt uns an all den Weltmenschen? Die Gelegenheit ist ihnen gegeben, auch in die Reihen der Kinder Gottes zu treten. Wollen sie das ernstlich, so sollen sie daran nicht irgend behindert werden, - und wollen sie es nicht, so sollen sie tun, was sie wollen, und ihr habt euch um sie dann auch nicht weiter zu kümmern!

Siehe, also steht die Sache! Denn Ich bin nicht gekommen, um etwa die Welt von ihren alten Gerichtsfesseln zu erlösen, sondern nur, um Meine Kinder von der Welt und ihrem Gerichte frei zu machen. Und was und wie Ich es nun tue, also werdet es auch ihr und eure Nachfolger in der Folge tun.

Was auf dieser Erde in und nach Meiner Ordnung zu lösen ist, das löst auch ihr, und was ihr also lösen werdet, das wird auch sofort bei Mir im Himmel gelöst sein; was aber nicht zu lösen ist, das lasset gebunden, oder so jemand eure Lösung nicht achtet, so lasset ihn in seinen Fesseln und bindet ihn, damit ihr dann Ruhe habt vor dem Gebundenen, - und wahrlich sage Ich es euch, der wird auch vor Mir im Himmel gebunden sein und gar lange hin ein Sklave seines finsteren Weltwillens verbleiben! - Seht, so stehen die Sachen!«

Sagte Johannes weiter: »Aber wie werden wir solche finsteren Widerchristen erkennen? Denn das sehe ich nun schon ganz gut ein, dass Deine Lehre von vielen aufgegriffen wird, und namentlich von den vielen Magiern, die damit ihre Zaubereien beschönigen werden. Oh, sage uns auch sichere Kennzeichen an, auf dass wir sie schnell erkennen mögen und dann sogleich wider sie zu Felde ziehen!«

Sagte Ich: »Ihr werdet sie gar leicht an ihren Werken erkennen! Denn auf den Dornen wachsen keine Trauben und auf den Disteln keine Feigen. Wer da etwas gibt und will dafür noch mehr zurücknehmen, der ist wahrlich Mein Jünger nicht! Denn seht, Ich gebe alles hin für die Meinen, am Ende sogar das Leben dieses Meines Leibes, und Ich nehme dafür von niemandem ein Opfer dieser Welt, sondern will nur, dass Mich der Mensch liebe über alles, auf dass Ich ihm dann noch endlos mehr und Größeres geben kann.

Meint ihr, dass solches auch der Widerchrist tun wird? Oh, mitnichten! Er wird seinen Anhängern ganz entsetzlich wenig geben - etwa nichts anderes als leere, erdichtete Verheißungen im großen Jenseits -, wird aber dafür gar große Opfer verlangen, so wie es nun die Templer tun, die sich für ihre mehrere Ellen langen Gebete gar vieles zahlen lassen; aber diese Gebete nützen niemand etwas, weder für diese Welt und noch weniger für die jenseitige! Und seht, geradeso wird es der Widerchrist machen, und die Meinen werden ihn und seine Jünger und Bekenner gar leicht an diesen nichtigen und hohlen Früchten erkennen!

Was tun die Pharisäer nun mit den Sündern aller Art und Gattung? Seht, sie nehmen eine Sünden-löse, entweder in Geld oder auch in anderen reichlichen Opfern, und geben darauf den Sündern einen Freibrief für die schon begangenen Sünden und auch schon für die, welche ein Mensch, wie es deren nun genug gibt, besonders in der reichen Welt, in Zukunft zu begehen gedenkt und sagen den Menschen: »Es ist euch dienlicher, so ihr opfert, wenn ihr nicht das schwere Gesetz halten möget!« Und so heben die Templer das Gebot Gottes auf und stellen an dessen Stelle ihre selbstsüchtigsten Weltsatzungen, da ihr Sinn nur das Wohlleben der Welt auf Kosten der armen, blinden Menschheit ist.

Seht, geradeso wird es auch der Widerchrist tun und alle seine Jünger, und ihr werdet ihn daran um so leichter erkennen! Und so dann seine Jünger in aller Welt mit weit geöffneten Mäulern schreien werden: »Seht, hier ist der wahre Christus!« oder »Dort ist er!«, so glaube ihnen solches niemand von den Meinen! Die echten Kinder der Welt aber lasset und ruft sie nicht, auf dass ihr Ruhe habt vor dem Drachen und seinem Anhang; denn er wird sich auf eine Zeitlang eine große Macht aneignen und wird seine Feinde gar übel behandeln! Aber eben damit wird er sich selbst sein Gericht und seinen Untergang bereiten.

Ich aber werde in derselben Zeit allerlei große Erfindungen von den Menschen machen lassen, die wie glühende Pfeile in des Drachen finstere Kammern dringen und seine elenden Trugkünste und seine falschen Wunderwerke gewaltig zerstören werden, und er wird wie nackt sogar zur Schande seiner glühendsten Anhänger dastehen, die sich bald in großen Scharen von ihm abwenden werden.

Darum sorgt euch nicht, was aus dieser Meiner Lehre mit der Zeit wird; denn Ich allein weiß es, was da in dieser Welt alles zu geschehen hat, und was da zuzulassen ist, damit es dereinst auch in der blinden Welt lebenshelle wird!

Aber so schnell, wie ihr es meint, geht das nicht; denn Ich allein kenne die Lebenselemente in dieser Erde und weiß auch am besten, was dazu gehört, um sie mit den Zeiten einem höheren Lebenslicht zuzuführen. Darum fragt nicht weiter und seid frohen Mutes!

Seht, Mich erwarten noch ganz sonderbar elende Begebenheiten in dieser Welt, die eigentlich gar nicht lange werden auf sich warten lassen! Allein ihr werdet darum noch keine Traurigkeit an Mir gemerkt haben. Komme da, was da wolle. Ich allein bin der Herr! Über Meine Weisheit und über Meinen Willen hinaus kann nichts gehen. Was da geschieht und noch geschehen wird, ist berechnet und bestimmt von oben und hat seinen tiefst heiligen Grund; wer aber mit Mir ist im

Herzen und in der Liebe und im Willen, dem wird die aller ärgste Welt nie etwas anhaben können. Aber wer nur eins ist mit Mir in der Weisheit, der wird in der Welt viele und arge Kämpfe zu bestehen haben; denn die Welt wird in ihrem materiellen Verstande ewig nie einsehen, dass ihr scheinbares Etwas vor dem Geiste ein eigentliches Nichts ist. - Mit dem begnügt euch und seid nun mit Mir völlig heiteren Mutes!«

*J.L., Großes Johannesevangelium, Band 6, Kap. 151, Recherchiert von Kurt Eggenstein, aus dem Buch „Der unbekannte Prophet Jakob Lorber"*

# Wem, wie und wann wird die reine Lehre Jesu neu geoffenbart werden?

Der Herr zu Seinen Jüngern: »Ich sagte, dass ihr da Wunderdinge der seltensten Art schauen werdet; nun ist bis auf die aus Tief- und Hochafrika durch Raphael herbeigeschaffte Leuchtkugel noch nichts weiteres geschehen, obgleich die Nacht ihre Mitte bereits überschritten hat. Ich habe euch auch früher darauf aufmerksam gemacht, dass Ich auf eine kurze Zeit eure Augen auftun werde, auf dass ihr vorderhand einmal bloß schauen könnt, wie es so ganz eigentlich in der Welt aussieht.

Bevor Ich jedoch das nun tue, sage und gebiete Ich es euch allen sogar, dass ihr von den Gesichten ja niemand etwas sagt; denn dazu wird die Menschheit der Welt wohl noch sehr lange nicht von ferne hin reif sein, und es ist im Grunde auch zu ihrem Seelenheile gar nicht nötig, dass die Weltmenschheit so etwas erfahre! Wenn sie es sich nur sehr angelegen sein lassen will, Gott über alles und den Nächsten wie sich selbst zu lieben, so wird ihr alles andere und weitere schon ohnehin, soweit als nötig, geoffenbart werden.

Aber ihr, als die ersten Grundpfeiler Meiner Lehre, müsst für euch so manches mehr wissen im geheimen denn alle anderen zusammen, auf dass ihr nach einiger Zeit ja in keine Versuchung zum Abfalle von dieser Meiner Lehre gelangen möget.

Es wird aber alles das dennoch nicht verlorengehen, und wenn da tausend und nicht ganz tausend Jahre von nun an verflossen sein werden und Meine Lehre nahe ganz in die schmutzigste Materie begraben sein wird, so werde Ich in jener Zeit schon wieder Männer erwecken, die das, was hier von euch und von Mir verhandelt ward und geschehen ist, ganz wortgetreu aufschreiben und in einem großen Buche der Welt übergeben werden, der dadurch vielseitig die Augen wieder geöffnet werden!«

Nota bene: Du, Mein Knecht und Schreiber, meinst nun wohl, als hätte Ich damals dessen kaum erwähnt?! Willst du auch schwach werden im Glauben, wie du in deinem Fleisch noch schwach bist?! Sieh, Ich sage es dir, dass Ich dem Cyrenius und dem Kornelius sogar deinen und mehrerer anderer Namen angegeben habe und sie nun auch die erfreulichsten Zeugen alles dessen sind, was Ich dir nun in die Feder sage. Aber

Ich werde am Schluss auch dir Namen ansagen, die von nun an in zweitausend Jahren noch Größeres niederschreiben und leisten werden als du nun! - Solches merke dir vorderhand, und schreibe alles vollgläubig!

Hierüber verwunderte sich Cyrenius sehr, und Kornelius fragte Mich um die Männer näher, denen solches verliehen wird.

Und Ich gab ihnen den Stand und den Charakter und sogar die Namen an und setzte dazu: »Einer von denen, dem wohl das meiste geoffenbart wird, mehr denn euch allen nun, wird in männlicher rechter Linie abstammen von Josephs ältestem Sohne und wird so nach auch ein rechter Nachkomme Davids sein dem Leibe nach. Er wird zwar sein gleich David schwachen Fleisches, aber dafür desto stärkeren Geistes! Wohl denen, die ihn hören und ihr Leben danach einrichten werden!

Es werden aber auch die anderen Groß-geweckten zumeist von David abstammen. Denn solche Dinge können nur solchen gegeben werden, die sogar fleischlich von dorther stammen, von woher auch Ich fleischlich abstamme; denn auch Ich stamme ob der Maria, der Mutter dieses Meines Leibes, von David ab, da die Maria auch eine ganz reine Tochter Davids ist. Es werden in jener Zeit zwar diese Davidsnachkömmlinge sich zumeist in Europa aufhalten, aber darum werden sie dennoch ganz reine und echte Nachkommen des Mannes nach dem Herzen Gottes und fähig zur Tragung der größten Lichtstärke aus den Himmeln sein. Auf einen irdischen Thron werden sie wohl nimmer gelangen, aber desto mehr werden in Meinem Reiche ihrer harren, und Ich werde Meiner Brüder wohl allzeit gedenken! Auch die meisten Meiner Jünger, die hier sind, stammen männlicherseits von David ab und sind darum leiblich Meine Brüder in allem Ernste bis auf einen, der nicht von oben, sondern pur von dieser Welt her ist. Er sollte zwar nicht dabei sein, und doch muss er wieder dabei sein, auf dass das, was geschrieben steht, erfüllt werde!«

(Anmerkung: Gemeint ist Judas, *HH*)

Sagt Cyrenius ganz verwundert: »Also nur den Nachkommen Davids wirst Du allzeit Deinen Willen offenbaren? Sind denn Mathael, Zinka und Zorel auch Nachkommen des großen Königs? Denn denen offenbarst Du nun ja auch dasselbe wie den Nachkommen Davids!«

Sage Ich: »Freund, das hier geschieht nicht auf dem Wege der geheimen Offenbarung, sondern durch offenes Wort für jedes Fleischohr wohl vernehmbar! Aber ganz was anderes ist es, zu vernehmen das geheime, innere Wort, das da kommt von Meinem Herzen in das Herz dessen, der es in sich vernimmt; und dafür muss es schon eine gewisse vorbereitete Linie von Menschen geben, deren Inneres fähig ist, die Allgewalt und Allkraft Meines Wortes zu ertragen! Denn jeden Unvorbereiteten würde ein Jota nur, unmittelbar aus Mir kommend, schon zerstören und töten. Wenn es aber einmal geschrieben ist, da mögen es Menschen, die eines guten Willens und Sinnes sind, wohl lesen; es wird sie nicht nur nicht töten, sondern stärken und kräftigen zum ewigen Leben.

Aber so es arge Weltmenschen lesen würden, um es zu verhöhnen, so würde es sie auch, wenngleich es nur geschrieben ist, zerstören und töten! Nun weißt du auch, wie da diese Dinge stehen; und Ich sage nun, dass ihr euch bereit haltet, zu schauen die Wunder des Werdens, Seins und Bleibens für ewig!«

*J.L., Großes Johannesevangelium, Band 4, Kap. 112, Recherchiert von Kurt Eggenstein, aus dem Buch „Der unbekannte Prophet Jakob Lorber“*

# Der Unterschied der Neuoffenbarung zu den biblischen Evangelien

## *Warum lehrte Jesus seine Jünger weniger, als er nun durch die NO enthüllt?*

Der Herr: „Sagte nun einer aus der Zahl der sogenannten Judgriechen: „Herr und Meister, wird denn mit Deiner abermaligen Ankunft auf dieser Erde den Menschen auch eine Lehre gegeben werden? Wenn Du ihnen wieder mit dieser Lehre kommen wirst, so werden sie dann ja auch sagen: Oh, bleibe uns vom

Halse mit dieser Lehre, die so viel Unheil auf der Erde angerichtet hat!“

Sagte Ich: „Freund, die Lehre, die Ich euch nun gebe, ist Gottes Wort und bleibt ewig, und darum werden jene Menschen, von denen hier die Rede ist, auch nur diese Lehre von Mir überkommen, die ihr von Mir überkommen habt; aber in jenen Zeiten wird sie ihnen nicht verhüllt, sondern völlig dem himmlischen und geistigen Sinn nach enthüllt gegeben werden, und darin wird das neue Jerusalem bestehen, das aus den Himmeln auf diese Erde hernieder kommen wird. In seinem Lichte wird den Menschen erst klar werden, wie sehr ihre Vorgänger von den falschen Propheten, gleichwie die Juden nun von den Pharisäern, hintergangen und betrogen worden sind.

Sie werden dann nicht mehr Mir und Meiner Lehre die Schuld an all dem vielen Unheil auf der Erde in die Schuhe schieben, sondern den höchst selbst- und herrschsüchtigen falschen Lehrern und Propheten, die sie schon im Licht ihrer Wissenschaften und vielen Künste nur zu genau werden erkannt haben, wessen Geistes Kinder sie waren.

Wenn aber das hellste Licht des neuen Jerusalems über die ganze Erde scheinen wird, dann werden die Lügner und Betrüger völlig enthüllt werden und der Lohn für ihre Arbeit wird ihnen gegeben werden. Je höher von ihnen sich jemand zu stehen dünken wird, desto tiefer wird auch sein Fall sein. Darum hütet euch schon jetzt vor den falschen Propheten! Habt ihr das nun wohl auch verstanden?“

Sagten darauf auch Meine anderen Jünger: „Herr und Meister, warum gibst Du uns denn Deine Lehre nicht auch schon enthüllt so, wie Du sie dereinst in der fernen Zukunft den bezeichneten Wissenschaftlern und Künstlern aller Art und Gattung geben wirst? Solch ein neues Jerusalem täte den Menschen jetzt auch Not!"

Sagte Ich: „Ich hätte euch noch gar vieles zu sagen und zu enthüllen, aber ihr alle könntet das noch nicht tragen; wenn aber der Geist der Wahrheit aus Mir über euch kommen wird, so wird er euch in alle Wahrheit und Weisheit leiten, und ihr werdet euch dann schon völlig im Lichte des neuen Jerusalems befinden.

Ob ihr aber dann auch imstande sein werdet, das Licht an eure Jünger übergehen zu lassen, das ist eine Frage, die ihr schwer beantworten werdet, vorausgesetzt, dass ihr das begreift und einseht, dass erstens aller Unterricht gewisser Art an Kinder zu ergehen hat, und dass er ein mehr freier denn ein zwingender sein muss, und zweitens, dass man von niemandem verlangen kann, die Schrift zu lesen, so ihm die Buchstaben unbekannt sind.

Ihr könnt es nun noch gar nicht ahnen, zu welch großen und vieles umfassenden Wissenschaften und Künsten es dereinst die Menschen bringen werden, und wie sehr dadurch aller Aberglaube unter den Menschen gelichtet werden wird. Wo in der ganzen Welt aber ist nun wohl eine Rede von einer auf den Grundsätzen der wohl berechneten Wahrheit stehenden reinen Wissenschaft, und wo von einer durch solche Wissenschaft berechneten Kunst?

Wo es nun unter den Menschen auch noch eine Wissenschaft und eine von ihr abgeleitete Kunst gibt, so sind dabei auch stets über drei Viertel blinder Aberglaube. Auf solch eine faule Frucht von dem noch ungesegneten Baum der Erkenntnis aber lässt sich keine höhere Himmelswahrheit stellen; und wollt ihr sie darauf stellen, so wird darauf eine Frucht zum Vorschein kommen, die man wohl den Drachen zum Fraß vorwerfen, aber nicht den Menschen zur Nahrung geben könnte.

Und seht und merkt es wohl! Aus derlei Früchten werden auch die falschen Propheten mit all ihren Irrlehren und falschen Wunderzeichen hervorgehen und mehr denn drei Viertel der Erde verderben. Denn so man sich bemühen wird, Meine reinste Wahrheitslehre mit den nun unter den Menschen bestehenden, mit allerlei Aberglauben untermengten Wissenschaften und wenig sagenden und leistenden Künsten in der Meinung zu vereinen, dass sie dadurch für die Menschen um so leichter annehmbar würde, so wird man, leicht von selbst verständlich, Meine Lehre stets mehr und mehr verunreinigen, und die Wissenschaften und Künste, die voll Aberglauben sind, werden dadurch noch tiefer in die alte Nacht hinabsinken, als sie seit Anbeginn der Menschen jemals gesunken sind. Sie werden am Ende eine Zeitlang bloß nur zu einem Eigentum der falschen Propheten werden, damit diese mit ihrer Hilfe desto leichter und umfangreicher das blind gehaltene Volk für sich gewinnen werden können.

Aber es wird das nicht so verbleiben; denn zur rechten Zeit werde Ich Menschen erwecken für die reinen Wissenschaften und Künste, und diese werden es den Menschen von den Dächern herab verkünden, wie die Diener Balaams ihre Wunder bewirkt haben. Dadurch wird die reine Wissenschaft in allen Dingen und auch die reinen Künste zu einem unbesiegbaren Vorläufer und Vorkämpfer für Mich gegen den alten Aberglauben werden; und so durch sie der Augiasstall wird gereinigt sein, dann werde Ich ein leichtes und wirksamstes Wiederkommen auf dieser Erde haben. Denn mit der reinen Wissenschaft der Menschen wird sich Meine reinste Lebenslehre auch leicht vereinen und so den Menschen ein vollständiges Lebenslicht geben, da eine Reinheit die andere nimmer verunreinigen kann, so wie eine sonnen-helle Wahrheit die andere nicht."

*J.L., Großes Johannesevangelium, Band 9, Kap. 90, Recherchiert von Kurt Eggenstein, aus dem Buch „Der unbekannte Prophet Jakob Lorber"*

# Eine Neuoffenbarung stößt immer auch auf große Widerstände

*Wie realistisch beurteilte Jesus, wie seine Lehre von den Weltmenschen aufgenommen würde?*

Der Herr: „Es waren darunter auch eine Menge Griechen, die im höchsten Grade über die Lehre (Jesu) erstaunten, und einer von ihnen sagte: »Ja, das ist eine Lehre aus dem Fundamente der Natur! Da ist nichts Positiveres, nichts Willkürliches, das da sich ausgedacht hätte ein Mensch, damit er als Gesetzgeber aus Millionen von Menschen, die seine Gesetze zu beachten haben, sich am besten befände, so seine Gesetze beachtet werden, sondern diese Lehre enthält Gesetze, die vorerst das Leben des Menschen urgrundsächlich bedingen und somit auch höchst geeignet sind, dasselbe unter den besten, reinsten und wohltuendsten Verhältnissen für ewig zu erhalten. Da sieht nirgends ein Eigennutz und noch weniger irgendeine Herrschsucht heraus, sondern da ist gesorgt wie für jeden einzelnen an und für sich, also auch für eine zahllose Allgemeinheit! Wahrlich, durch diese Lehre, so sie erkannt und dann allgemein beachtet würde, müsste die Erde selbst ja schon zu einem Himmel werden!

Aber, und das ist ein großes Aber, dazu wird eine total neue Generation vonnöten sein! Der unverbesserliche Mist von Menschen muss von der Erde vertilgt werden, sonst wird es ewig nimmer anders auf dieser Erde! Der Luxus und der Bequemlichkeitssinn hat eine zu hohe Stufe erreicht, der Mächtigere weiß sich die arme, schwache und ohnmächtige Menschheit zunutze zu machen; und darum leben nur wenige Menschen im Glück, und die ungeheure Menge von Menschen muss darben! Und so kommt es dann, dass der arme Teufel am Ende an einer Vorsehung Gottes verzweifelt, der Reiche und Mächtige aber vor lauter Glück und Wohlergehen Gott vergisst, und die Folge ist, dass am Ende beide des Teufels werden müssen!

Ja, Herr und Meister, Deine Lehre hat in sich die reinste göttliche Wahrheit, ja ich möchte sagen: Sie ist schon an und für sich pur Leben. Aber leider wird sie von der nichts glaubenden hohen Welt sicher nicht angenommen werden, weil diese sich schon einmal auf der Erde eine solche Stellung gegeben hat auf dem Wege des Heidentums, dass sie dabei irdisch sehr gut bestehen kann. Adam wäre denn trotz seines gepriesenen Edens ein armer Schlucker gegen einen Cäsar Augustus oder gegen einen Lukullus und mehrere Hunderte dergleichen. Das kann man sich durch den Zeus, Apollo, Merkur usw. verschaffen; man kann an der Seite dieser Phantasiegötter endlos gut leben! Wozu dann Wahrheit, wozu Liebe, Sanftmut, Geduld und Weisheit? Also werden die Großen und Mächtigen der Erde philosophieren und Deine wahrhaft heilige Freundschaftslehre gegen jedermann verfolgen, wie da verfolgt wird ein Lamm von den hungrigen Wölfen.

Wie wird der sich je in Deine göttliche Freundschaftslehre finden, dem die Sklaverei seiner Nebenmenschen das höchste Bedürfnis zu seinem Wohlleben ist? Ja, Herr und Meister und allein wahrer Heiland der armen leidenden Menschheit, gehe hin, tue Wunder, predige die ewige Sklaverei, und zeige es dem schmachtenden Volke, dass ein Cäsar allein das Recht hat, auf der Erde zu leben, alles Volk aber nur insoweit, als es dem Cäsar beliebt! Zeuge weiter laut, dass der Cäsar das unbestreitbare Recht habe, über jedermanns Leben und Tod zu verfügen nach seiner Willkür und einzuziehen alle Schätze und Güter der Erde, so werden Dir bald königliche Kleider angetan werden, und Du wirst einhergehen in großer Pracht und Majestät!

Aber da Deine Lehre die allgemeine Brüderschaft predigt und in einem jeden Menschen ein Gotteskind darstellt, so wirst Du, lieber, für mich wahrhaft heiliger Meister, samt Deiner Lehre verfolgt werden über alle denkbaren Maßen.«

Sage Ich: »Freund! Was du hier geredet hast, ist leider wahr; es wird bei den großen und mächtigen Heiden manchen harten Kampf kosten, bis bei ihnen Meine Lehre vollen Eingang finden wird! Aber wird sie bei ihnen einmal dennoch Eingang finden, so werden eben die Cäsaren und die Könige Meine wirkendsten und eifrigsten Apostel sein! Sie selbst werden die Götzentempel niederreißen und an deren Stellen erbauen Gotteshäuser, in denen sich die Brüder alle einfinden und all da geben werden dem einen, allein wahren Gott die Ehre, und ihre Kinder werden in den Gotteshäusern unterwiesen werden in der Lehre, die Ich nun gebe zum zeitlichen und ewigen Heile den Menschen.

Aber das wird freilich nicht von heute auf morgen geschehen, sondern nach der rechten Zeit und den rechten Umständen; denn zuerst muss der Same ausgestreut werden, dann keimt er und bringt am Ende viele Frucht.

Dass aber diese Meine Lehre nebenher von der eigentlichen Welt, die nicht sterben wird, allzeit Anfechtungen erleben wird, das weiß Ich um eine Ewigkeit schon zum voraus.

Ja, diese Meine allersanfteste Lehre wird mit der Zeit sogar die blutigsten Kriege anfachen, aber es kann solches auch nicht vermieden werden; denn das Leben ging hervor aus einem gewaltigen Kampf in Gott, ist und bleibt darum ein fortwährender Kampf und kann nur durch den geeigneten Kampf erhalten werden! - Verstehst du solches?«

Sagt Der Grieche: »Herr und Meister, das ist für unsereinen zu tief! Das magst Du und Deine Schüler wohl fassen; aber für mich ist das etwas zu Unbegreifliches und unergründlich Tiefes!«

Sage Ich: »Ja, ja, das meine Ich auch; aber dennoch ist und bleibt es ewig also, wie Ich es dir nun geoffenbart habe!«

Auch alles andere Volk ward voll Staunen über solche Meine Rede, und mehrere machten unter sich die Bemerkung und sagten: »Unser Altvater, der weise Grieche, aus Pathmos gebürtig, - hat wahrlich recht klug gesprochen; aber man merkte es dennoch klar, dass aus dem Menschen nur ein Mensch sprach. Wenn aber dieser noch recht junge Mann und Meister spricht, so ist es, als ob nicht er, sondern Gott Selbst aus ihm spräche; und jedes Wort aus seinem Munde dringt also zum Herzen wie ein alter guter Wein und macht dasselbe fröhlich durch und durch.« - Dergleichen Bemerkungen sind noch vielfach gemacht worden, besonders am dritten Tage, wo dies Volk schon mehr und mehr in Meine Lehre eingeweiht war.“

*J.L., Großes Johannesevangelium, Band 2, Kap. 172, Recherchiert von Kurt Eggenstein, aus dem Buch „Der unbekannte Prophet Jakob Lorber“*

# Jesus wirkt heute durch Sein reines, göttliches Wort, ohne äußere Wunderbeigaben

## *Zweck, Wesen und Wirkung der Offenbarungen*

„Sagte Ich (Jesus) zu Lazarus und auch zu den andern Jüngern, da auch sie der etwas erhitzten Meinung des Lazarus waren: »Gebet acht, Ich werde euch hier ein Bild geben; das soll euch die Antwort auf die Frage des Lazarus geben:

Es war ein Herr, der Arbeiter in seinen Weinberg dingte. Diese kamen am Morgen, und der Herr wurde mit ihnen um einen Groschen Taglohn einig. Und um die Mittagszeit ging er hin, wo er noch müßige Leute fand, und sagte: 'Was steht ihr hier müßig? Geht hin in meinen Weinberg, und ich will euch geben, was da recht ist!' Und sie gingen hin und arbeiteten. Aber gen Abend hin sah der Weinbergsherr noch eine Menge Arbeitsleute müßig stehen. Und er ging hin und sagte zu ihnen: 'Warum steht denn ihr den ganzen Tag müßig da?' Und sie antworteten: 'Herr, es hat uns niemand gedungen!' Da sagte der Herr zu ihnen: 'Nun, so geht auch ihr hin in meinen Weinberg und arbeitet diese eine und letzte Tagesstunde, und ich werde euch auch noch geben, was recht ist!' Da gingen sie hin und arbeiteten emsig noch die letzte Stunde des Tages.

Am Abend aber berief der Herr zuerst die Arbeiter,

die vom Morgen an gearbeitet hatten, und gab einem jeden den bedungenen Groschen. Dann berief er die, welche nur einen halben Tag gearbeitet hatten, und gab auch einem jeden einen Groschen. Darauf berief er die, welche nur eine Stunde gearbeitet hatten, und gab auch jeglichem einen Groschen.

Da sagten die, die den ganzen Tag gearbeitet hatten: 'Herr, wie magst du auch denen, die nur eine Stunde gearbeitet haben, auch das gleiche geben wie uns, die wir doch des ganzen Tages Last und Hitze trugen?' Da sagte der Herr: 'Was geht denn euch das an, so ich gut und barmherzig bin? Bin ich darum ungerecht, so ich aus meinem guten Willen auch den letzten soviel gebe wie euch? Bin ich mit euch denn nicht um einen Groschen einig geworden? Ihr selbst habt nicht mehr verlangt! Und so ich euch nun das gebe, was ihr verlangt habt, was wollt ihr nun noch mehr von mir? Bin ich denn nicht der Herr meines Vermögens, mit dem ich tun kann, was mir wohlgefällt?!' Darauf konnten die ersten Arbeiter dann nichts mehr sagen und waren mit ihrem Tagwerkslohne zufrieden.

Der Weinberg aber sind die eigentlichen Menschen dieser Erde als Reben, die zu bearbeiten sind. Diese stehen in keinem Kontrakt mit Mir, sondern sie sind da zur Bearbeitung, auf dass sie Gott dem Herrn brächten eine gute Frucht.

Alle die Propheten aber sind, so wie nun ihr, der Seele nach nicht von dieser Erde, sondern sie sind von oben her gedungene Arbeiter und haben zuvor mit Mir einen festen Kontrakt abgeschlossen wegen der Erreichung der Kindschaft Gottes, die nur auf dieser Erde möglich ist.

Alle die großen Propheten von Anfang an bis jetzt, euch mitgerechnet, die eine große Offenbarung empfingen, sind die zuerst gedungenen Arbeiter im Weinberge des Herrn.

Die kleinen Propheten, die nur den halben Dienst zu verrichten haben, nämlich die Aufrechterhaltung der einmal gegebenen großen Offenbarung, sind jene, die in Meinem Namen nach euch kommen werden, wohl auch selbst gewisse kleine Offenbarungen habend und daraus weissagend, aber jene Kraft und Macht, die Ich euch geben werde, nicht besitzen werden. Diese werden mit euch den gleichen Lohn haben, weil ihr Glaube ein kräftigerer wird sein müssen; denn weil sie das nicht sehen, was ihr nun alles seht und erfahrt, so wird ihr freiwilligerer Glaube ihnen auch zu einem höheren Lebensverdienste angerechnet werden. So sie dann aber mit euch den gleichen Lohn bekommen werden, so denkt, dass sie es schwerer hatten zu glauben, was nun zum Heile aller Kreatur geschieht, da sie nicht gleich euch Zeugen von alldem waren.

Endlich in gar später Zeit werden abermals knapp vor einem großen Gerichte Seher erweckt und zugelassen werden, welche die kurze, schwere Mühe haben, die sehr unrein gewordene Lehre zu reinigen, auf dass sie behalten und nicht von der heller denkenden Menschheit als ein alter Priestertrug verworfen werde. Diese dritten Arbeiter in Meinem Weinberge werden nicht durch große Wundertaten, sondern allein durch das reine Wort und durch die Schrift wirken, ohne eine andere auffallende Offenbarung zu bekommen als nur die des inneren, lebendigen Wortes im Gefühl und in den Gedanken in ihrem Herzen, und sie werden voll des klaren und vernunftvollen Glaubens sein und werden sonach ohne Wunderwerke die verdorrten Menschenreben Meines Weinberges aufrichten und werden von Mir denn auch denselben Lohn bekommen, den ihr als die Arbeiter des ganzen Tages bekommen werdet; denn sie werden es um sehr vieles schwerer haben, fest und ungezweifelt an das zu glauben, was über tausend Jahre vor ihnen hier geschah.

Wenn sonach die großen Offenbarungen denn auch hübsch ferne voneinander abstehen, so wird von Gott aus aber dennoch stets dahin gesorgt, dass allzeit und allsogleich wieder neu erweckte Seher unter die Menschen kommen, sobald die Lehren der großen Offenbarung irgend anfangen, unrein zu werden, und das also, dass dabei keines Menschen freier Wille irgendeinen Zwang erleidet. Denn eben darum werden die großen Offenbarungen der Zeit nach stets weit auseinander getrennt, damit die Menschen sich mit ihrem freien Willen desto ungezwungener bewegen können.

Wenn am Ende die Welt die Menschen wieder gar zu weit von ihrer geistigen Bahn abgelenkt hat, so bleibt dann freilich wohl nichts anderes übrig, als zu einer großen Offenbarung zu schreiten, die freilich stets ein Gericht hinter sich hat, weil sie selbst ein leidiges Gericht für die Menschen ist. Denn solange du an das tote Holz kein Feuer legst, wird es nicht brennen; aber das Feuer entzündet es. Und siehe, was das Feuer dem Holze ist, das ist eine große Offenbarung den Menschen. - Versteht ihr nun das?«"

*J.L., Großes Johannesevangelium, Band 6, Kap. 176, Recherchiert von Kurt Eggenstein, aus dem Buch „Der unbekannte Prophet Jakob Lorber"*

# Zu welchem Zweck wurde die Neuoffenbarung gegeben?

Der Herr: „Was den Zweck aller dieser Eröffnungen betrifft, so besteht dieser darin, dass dadurch fürs erste eurem hochgelehrten Weltverstand gezeigt wird, wie gar so töricht sein Bestreben ist, Dinge erforschen zu wollen und sie ins Bereich seiner unaussprechlichen Verhältnis-Beschränktheit zu ziehen, die ihrer Tiefe, Größe und Heiligkeit wegen ewig über seiner Sphäre werden entfernt bleiben, da dergleichen nur dem Einfältigen in sein fromm-gläubiges Herz gelegt wird, ja, zum beschämenden Zeichen der Weltweisheit, auch den Kindern in die Wiege, wie Ich es auch sogar den Steinen geben kann.

Fürs zweite aber besteht dieser Zweck auch darin, euch und aller Welt die wahren Wege Meiner erbarmenden Liebe zu zeigen, welche sie einschlägt, um das ewige Heil aller Wesen zu gründen, und wie, wann und warum dieses alles so ist und geschieht – damit dadurch allen Weltzweiflern ein Ende werde und die Dinge in ihren ur-wahren Verhältnissen mögen erschaut werden. Denn wie ein guter Baumeister doch gewiss am besten weiß, wozu dies oder jenes bei einem großen Werke da sein muss, so kann es auch nur Ich wissen, warum dies, warum jenes und wie, wann und wodurch.

Wer da forscht und grübelt ohne Meine Gnade, der geht allezeit fehl. Wer aber zu Mir kommt und lernt es von Mir in seinem Herzen, der hat es in der Fülle der Wahrheit, daran nie auch nur ein Häkchen geändert wird in alle Ewigkeit.

Und fürs dritte aber soll daraus die mannigfache Bosheit der Menschen aus allen Klassen und Ständen klar ersichtlich werden – und wohl begriffen, wie solche Menschen ihrer blinden Bosheit wegen das Heiligste und Reinste in ihren sinnlichen Weltschlamm hartnäckig herabziehen und es scheußlich verunstalten zu ihren verdammlichen, eigennützigen Zwecken.

Kurz und gut, es soll und muss alles offen werden vor der Welt, damit dann ein jeder wisse, wie er daran ist. Ja es soll der Mittelpunkt der Erde so offen vor der Welt Augen aufgedeckt werden wie eine verdeckte Speise vor den Gästen zur stärkenden Nahrung. Und so soll auch keine Sonne so weit entfernt sein, dass sie nicht sollte unter dem Mikroskop des lebendigen Glaubens der Einfalt in kleinste Teile zerlegt werden, und wäre ihr Umfang größer als der eures größten Gedankens, den ihr nur immer zu denken vermöget. –

Und es soll auch keinen noch so kleinen Faden irgend geben, und wäre er noch so fein gesponnen, der da nicht käme an das stark vergrößerte Licht Meiner Gnadensonne! Ja, Ich will aus Punkten durchsichtige Weltkörper bilden und die Zentralsonnen in enthüllte Punkte zerlegen, damit die Welt sehe, dass am Ende doch Ich alles in allem bin.

Wenn dadurch nun die Welt zur Einsicht gelangen wird, dass außer Mir kein Heil zu suchen ist und gefunden werden kann, so wird dann der Friede die Erde küssen und wird jedem sein Amt gesichert werden zeitlich und auch ewig in aller Liebe zu Mir! Dann erst wird der Kaiser wahrhaft Kaiser sein, wohl bezeichnet durch Meine Salbung, der König ein König, der Herzog ein Herzog und der Fürst ein Fürst, ohne alle verdammliche Konstitution, außer der Konstitution der Liebe aus Mir und der alles überströmenden Gnade. Und da soll der Wolf dem Lamm einen Krankenwärter machen!

Dadurch will Ich alles ebnen, damit da keine „Wasserfälle" und „Bergstürze" je mehr vorkommen, sondern nur das Meer Meiner Liebe und Ströme Meiner Gnade. Alles andere muss zu „flachem Lande" werden.

Und seht, alles dies soll geschehen, damit die wahre Kirche bei den Menschen geläutert werde und ihr Sieg glänze mehr denn das Licht aller Sonnen, in Eins vereinigt – wodurch dann „ein Hirte und eine Herde" werden möge, deren Schafe allezeit Meine Stimme hören sollen, bis ans Ende aller Zeiten – all-wann alle

Materie vernichtet werden wird im Feuer der göttlichen Liebe – oder aber auch, so diese Meine Warnworte sollten fruchtlos im Schlamm der Welt verfaulen, alsbald im Feuer Meines gerechten Zornes!

Sehet, nun ist die Zeit der „kleinen Zeit" gekommen! Wer sie wohl beachtet, dem werden große Dinge werden in Ewigkeit. Wer sich aber daran ärgern und Bedenken tragen wird über Meine Treue, dem wird die „kleine Zeit" bald verrinnen und die große des ewigen Zornes wird ihn ergreifen! – Daher: entweder – oder! – Wie jemand will, so tue er es! – Wir aber werden uns allezeit treffen. Amen. Das sage Ich, die Ewige Liebe und Weisheit. Amen, Amen, Amen!"

*Himmelsgaben - Band 1 / 38. am 21. August 1840, Recherchiert von Kurt Eggenstein, aus dem Buch „Der unbekannte Prophet Jakob Lorber"*

# Es ist auch heute nicht jedem möglich, die Neuoffenbarung zu verstehen

## *Wie es den meisten Menschen auf der Wanderung zum Reich Gottes ergeht, und wozu die Neuoffenbarungen dienen*

Der Herr in Seiner Neuoffenbarung:

„Sagte nun der Römer Markus: »O Herr und Meister, das ist mir wenigstens nun alles wohl klar; aber das sehe ich nun auch ganz hell ein, dass dieses die Menschen, die das von irgend her vernehmen werden, nicht fassen und begreifen werden; denn dazu gehören wohl die aller-gewaltigsten Vorkenntnisse! Wir haben es nun an Deiner Seite freilich leicht, weil Du uns alles mit Hilfe Deiner Allmacht, Liebe und Weisheit so darstellen kannst, dass wir selbst die wunderbarsten Dinge verstehen können; wir aber vermögen das nicht, und so werden sich diese wunderbaren Dinge von uns aus den andern Menschen schwer oder auch gar nicht begreiflich machen lassen können.«

Sagte Ich (Jesus): »Das macht ja aber auch nichts; denn das habe Ich ja nur euch enthüllt und kundgemacht wegen des tieferen Verständnisses des Reiches Gottes. Denen es aber in der Folge Not tun wird, des Reiches Gottes wegen Meine Werke tiefer zu verstehen, denen wird es schon Mein Geist in ihnen enthüllen, und er wird sie in alle Wahrheit und Weisheit leiten. Die andern Menschen aber tun genug, so sie an Mich glauben und nach Meinen Geboten leben und handeln. Denn es sind gar sehr viele wohl berufen zum Reiche Gottes, aber der Auserwählten gibt es nur wenige, denen es gegeben ist, die Geheimnisse des Reiches Gottes zu verstehen.

So ihr sie aber versteht, da besteht zwischen Mir und euch und durch euch auch mit den andern Menschen ein rechtes Band, und Ich bin also in euch, wie auch ihr in Mir, und eines mehreren bedarf es vorderhand nicht.

Das Reich Gottes ist hier gleich einem Senfkörnlein, das wohl eines der kleinsten Samen ist, so es aber ins gute Erdreich gesät wird, da wächst es bald zu einem förmlichen Baum heran, dass hernach des Himmels Vöglein kommen und unter seinen Ästen und Zweigen Wohnung nehmen.

Mein Wort aber ist das kleine Körnlein. Legt es nur in die guten Herzen der Menschen, und es wird sich in ihnen auch bald zu einem Baum entfalten, unter dessen Ästen und Zweigen die hellen Erkenntnisse, aus den Himmeln kommend, Wohnung nehmen werden!

Also ist Mein Reich auch wieder zu vergleichen einem Weibe, das, um Brot zu backen, drei Scheffel Mehl nahm und dazu nur wenig Sauerteig gab. Als sie aber dann den Teig anmachte, so ward er von dem wenigen Sauerteige dennoch bald im rechten Maße durchsäuert. Seht, auch Mein Wort ist da wieder der wenige Sauerteig, gemengt unter viel Mehl, und es genügt zur Durchsäuerung von viel Mehl! Darum gebt den Menschen in Meinem Namen nur so viel, als es vorderhand nötig ist; das Weitere wird dann schon Mein Wort aus sich wirken!

Wem ein Kind geboren wird, der sorge sich nur um dessen Gesundheit; das Wachsen hängt von Mir allein ab.

So ihr Meine Lehre den Menschen überbringt in der Wahrheit, die ihr von Mir überkommen habt, so macht sie auch darauf aufmerksam, dass man deren Früchte erst dann ernten kann und wird, so man von der Liebe zur Welt und ihren Schätzen sich im Herzen völlig abgewendet hat; denn die Liebe zu den Dingen der Welt ist eine dunkelgraue Wolke, die sich stets zwischen die Sehe der Seele und das Licht aus den Himmeln stellt!

Aus diesem Grunde haben die meisten Menschen aus dem schwachen Schimmer, der eine Folge des reinen, hinter der dunkelgrauen Wolke leuchtenden Himmelslichtes ist, wohl nur so ganz schwache Ahnungen von etwas Höherem und Übersinnlichem; aber weil die besagte Wolke nicht weicht und statt heller nur zumeist immer dunkler wird und häufig ganz finster, so begreifen und fassen sie auch nichts von der reinen Weisheit aus den Himmeln, sind sonach denn auch stets voll Sorgen, voll Furcht und voll Ängsten und glauben an allerlei dumme Dinge und suchen Trost und Beruhigung bei den toten Götzen und ihren Priestern, weil sie des wahren Trosts aus den Himmeln nicht gewärtig werden können, indem die besagte Wolke zwischen der Sehe der Seele und der Sonne der Himmel unverrückt liegenbleibt.

Denn seht! Der Mensch gleicht da einem Wanderer, der an einem trüben Tage reist, wenn dichte Nebel Täler und Berge belagern. Obwohl solche Nebel die ganze sonst gar herrliche Gegend völlig unsichtbar machen, so besteht aber die Gegend dennoch; nur ihre reinen Abbilder können nicht zum Auge des Wanderers gelangen, und er kann sich darum auch keinen Begriff und keine Vorstellung von dem machen, was der dichte Nebel vor seinen Augen verhüllt. Er betrachtet wohl den Weg und erkennt aus den nur schwach ersichtlichen Wegzeichen, dass er etwa wohl auf dem rechten Wege wandelt. Aber es kommen oft Seitenwege, die erfüllen ihn dann schon wieder mit Furcht und Sorge, weil er nicht recht wissen kann, welcher Weg da wohl der rechte ist. Er wartet, ob nicht ein anderer Wanderer ihm nach- oder entgegenkäme. Es kommen wohl welche; aber es geht ihnen wie dem, der von ihnen das Rechte zu erfahren wünschte. Der eine meint, zu dem angesagten Orte führe etwa wohl der Mittelweg; ein anderer sagt, dass das die Stelle sei, wo der Weg zum angesagten Orte nach rechts abbiegt; ein dritter behauptet das Gegenteil, und ein vierter meint und sagt: "Wir kennen uns hier alle nicht aus; daher kehren wir gerade um und verweilen an dem Orte, von dem wir ausgegangen sind, bis sich der Nebel verziehen wird, und wir können dann mit

Sicherheit unsere Wanderschaft antreten!"

Und seht, aus diesem Bilde könnt ihr nun recht wohl ersehen, wie es nun den meisten Menschen auf der Wanderung zum Reiche Gottes ergeht!

Es deckt dieses ewigen herrlichen Reiches reinste Gegenden und Fluren, Berge, Täler, Gärten und Städte, Bäche, Flüsse, Ströme, Seen und Meere der vorbesprochene Nebel der Weltliebe vor den Augen der Seele. Daher sei eure Aufgabe, da Ich in euch den Nebel hinweggefegt habe, dass ihr dasselbe auch bei denen vor allem tut, bei denen ihr Mein Wort verkünden werdet; denn so ihr das unterlassen würdet, so würdet ihr Häuser auf dem Sande bauen, die nicht halten würden, so da kommen würden Stürme, Regengüsse und Fluten, sondern sie würden zusammenstürzen und von den argen Wassern fortgerissen werden.

Wenn ihr aber bei der Ausbreitung Meines Wortes die gewissen Nebel zuvor hinwegfegen werdet, da werdet ihr Häuser auf Felsen bauen, und werden da auch kommen Stürme, Regengüsse und Fluten, so werden sie den Häusern, die auf festen Felsen erbaut sind, nichts anhaben können.

Seht, niemand kann zwei Herren, die einander anfeinden, dienen; denn er muss es entweder mit dem einen oder mit dem andern halten und muss demnach auch mit ein Freund oder ein Feind des einen oder des andern sein! Also kann auch niemand der Welt und ihrem toten Mammon und zugleich aber auch dem lebendigen Reiche Gottes dienen; denn das ist unmöglich.

Darum muss der, welcher dem Reiche Gottes dienen will, das Reich der Welt aus seinem Herzen schaffen! Wie aber das zu geschehen hat, das habe Ich euch allen schon gar oft nicht nur mit hellen und lebendigen Worten, sondern auch durch allerlei Taten gezeigt. Tut denn auch ihr desgleichen, und ihr werdet viele und gute Früchte ernten!

Die Ernte wäre als eine große und überreiche zu erwarten, und viel Weizen stünde schon völlig zum Schnitte reif; aber der Schnitter gibt es noch wenige. Darum bittet auch ihr den Herrn der Ernte, dass Er ehest viele Schnitter dinge für Seine Felder!

Aus allem dem aber könnt ihr nun doch wohl entnehmen, was ihr bei der Ausbreitung Meiner Lehre bei den Menschen vor allem zu bewerkstelligen habt; das Viele und das Außerordentliche aber braucht ihr nicht den Menschen zu verkünden, sondern nur denen, die euch im Amte folgen werden! Was Ich aber nun euch zu einer Richtschnur gesagt habe, das sagt ihr auch denen, die euch in eurem von Mir euch anvertrauten Amte folgen werden, und es wird dann alles gut gehen!«“

*J.L., Großes Johannesevangelium, Band 8, Kap. 77, Recherchiert von Kurt Eggenstein, aus dem Buch „Der unbekannte Prophet Jakob Lorber“*

# Vom inneren Trost durch das neue Wort

*Ist die Neuoffenbarung die Erfüllung des von Jesus einst versprochenen Trösters?*

In der Neuoffenbarung berichtet der Herr:

„Sagte Nikodemus: »Herr und Meister, das verstehe ich nun und danke Dir inbrünstigst für diese Deine so hochwichtige Belehrung! Aber da Du uns nun die zwei Erscheinungen erklärt hast, so möchte ich Dich wohl bitten, uns noch die dritte Erscheinung zu beleuchten; denn hinter der muss etwas gar Großes verborgen sein.«

Sagte Ich (Jesus): »Ja ja, Ich werde euch die dritte Erscheinung wohl beleuchten; doch ihr werdet sie nicht wohl verstehen; denn was die noch ferne Zukunft bringen wird, das werdet ihr erst dann klarer einsehen, so ihr im Geiste wiedergeboren sein werdet. Aber Ich will euch dennoch darüber etwas sagen, und so hört denn!

Die aus den Himmeln auf die Erde zurück-gekehrte Lichtsäule bin Ich im Geiste Meines lebendigen Wortes, das Ich in der Zukunft in die Herzen jener Menschen legen werde, die Mich lieben und Meine Gebote halten werden. Zu denen werde Ich Selbst kommen und werde Mich ihnen offenbaren. Und also werden sie alle von neuem von Gott belehrt sein.

Die Zerteilung der Säule in zahllos viele Teile bedeutet die Enthüllung des inneren, geistigen Sinnes aller Meiner Worte und Lehren, die Ich seit Beginn des Menschengeschlechts den Menschen durch den Mund der Urväter, der Propheten und Seher und nun Selbst gegeben habe.

Aus solchen vielen Teilenthüllungen des inneren, geistigen Sinnes des Wortes Gottes wird sich dann erst eine wahre und große Licht- und Lebenslehre zusammenformen, und diese Lehre wird dann sein das große und neue Jerusalem, das aus den Himmeln zu den Menschen hernieder kommen wird. Und die in der neuen Lehre sein und leben werden, die werden wandeln im neuen Jerusalem und werden darin wohnen ewig, und ihrer Seligkeiten über Seligkeiten wird ohne Maß und Ziel nimmer ein Ende sein. Denn Ich Selbst werde bei ihnen sein, und sie werden schauen alle die zahllosen Herrlichkeiten Meiner Liebe, Weisheit und Allmacht.

Es wird aber vom Untergange dieser alten Stadt Jerusalem an bis in die Zeit der neuen Stadt Gottes auf Erden wenig Licht unter den Menschen auf Erden geben; denn es werden sich nur zu bald eine Menge falscher Propheten und Priester in Meinem Namen erheben und werden falsche Wunder wirken und die Menschen betören und blind machen, ja der Antichrist wird solche Dinge mit Hilfe der Könige der Erde tun, dass sogar Meine Auserwählten, so Ich es zuließe, verlockt werden könnten, ihre Knie vor dem neuen Baal zu beugen. Aber Ich werde dann wieder eine große Drangsal unter die Menschen kommen lassen, wie sie noch nicht war unter der Sonne. Da wird der Baal gleich der großen Hure Babels gestürzt werden, und das Licht des lebendigen Wortes in den Herzen vieler Menschen wird dann kommen und aufrichten und erlösen die Bedrängten und Gebeugten, und sie werden sich alle freuen in dem neuen Lichte und werden lobpreisen Meinen Namen.

In jener Zeit werden die Menschen vielfach Umgang haben mit den reinen Geistern Meines Himmels, und diese werden ihre Lehrer sein und sie unterweisen in allen Geheimnissen des ewigen Lebens in Gott, wie euch solches in der dritten Erscheinung auch dadurch gezeigt wurde, dass ihr durch die zwölf Tore Menschen aus- und eingehen saht.

> (Anmerkung. Diese reinen Geister sind dann auch Menschen, welche eigens, als bereits vollendete Seelen oder ungefallene Geister, den Erdengang durchmachen oder erneut durchmachen, um sich als Werkzeuge Gottes gebrauchen zu lassen. Sie wissen es aber nicht, dass sie Werkzeuge sind und wollen auch keine Verehrungen, denn sie haben einen harten Kampf mit sich selbst zu bestehen. *HH*)

Die zwölf Tore bezeugten nun aber nicht mehr, dass die neue Stadt erbaut sei aus den zwölf Stämmen Israels, sondern aus den zwölf Hauptgrundsätzen Meiner Lehre, und diese sind enthalten in den zehn Geboten Mosis und in Meinen neuen zwei Geboten der Liebe: denn diese sind die Tore, durch die künftig die Menschen in die neue, licht- und leben-volle Stadt

Gottes eingehen werden.

Nur wer diese Meine Gebote halten wird, der wird auch in diese Stadt eingehen, und es wird ihm Licht und Leben gegeben werden; wer aber die Gebote nicht halten wird, der wird in diese neue Stadt auch nicht gelangen. Also bezeichneten auch die zwölf Edelsteingattungen wieder dieselben zwölf Gebote, aus denen die Mauer um die große Stadt erbaut war.

Diese zwölf Gebote sind für den Menschen sonach nicht nur die Eingangstore zum Licht und zum Leben, sondern sie sind auch dessen unzerstörbarer Schutz und Schirm, den die Pforten und Mächte der Hölle, sprich: das materielle Welttum, nimmer zerstören und besiegen können.

Zugleich aber habt ihr bei der Erscheinung auch bemerkt, wie die Steine der Mauer auch ein starkes Licht in allen ihren Farben von sich gaben. Das zeigte euch an, dass in den euch gegebenen zwölf Geboten auch alle Grade der göttlichen Weisheit enthalten sind, und es kann sonach der Mensch nur durch die Haltung der zwölf Gebote zur vollkommenen Weisheit gelangen. Denn in den Geboten ist alle Weisheit aus Gott enthalten, und weil darin alle Weisheit Gottes enthalten ist, so ist darin auch alle göttliche Macht und Kraft enthalten, und das darum, weil in diesen Geboten der all-weiseste und allmächtige Wille und durch diesen die höchste Freiheit enthalten ist.

Wer sich sonach den Willen Gottes durch die Haltung der Gebote zu eigen gemacht hat, der hat sich auch zu eigen gemacht die göttliche Macht und die göttliche Freiheit und hat den Zustand der wahren Wiedergeburt des Geistes erreicht und ist als ein wahres Kind Gottes so vollkommen wie der Vater im Himmel Selbst.

Und Ich sage euch denn nun allen, dass ihr euch eben durch genaue Haltung der Gebote vor allem bestreben sollt, schon hier auf Erden so vollkommen zu werden, wie der Vater im Himmel vollkommen ist, so werdet ihr auch das und noch Größeres zu tun imstande sein als Ich Selbst nun. Und werdet ihr euch in diesem Zustande befinden, dann werdet auch ihr schon zum voraus Bürger des neuen Jerusalem sein. Das ist demnach der Sinn der dritten Erscheinung. - Habt ihr das alles wohl aufgefasst und begriffen?«

Auf diese Meine Erklärung der dritten Erscheinung machten alle große Augen und dachten eine Weile sehr nach, wussten aber doch nicht recht, inwieweit sie diese letzte Erklärung recht und wieder etwa doch nicht ganz recht verstanden hatten."

*J.L., Großes Johannesevangelium Band 7, Kapitel 54, Recherchiert von Kurt Eggenstein, aus dem Buch „Der unbekannte Prophet Jakob Lorber"*

# An all die vielen Kritiker der Neuoffenbarung Gottes

Der Herr: »Die heutigen Menschen sagen: „Gott ist zu hochheilig, dass er mit uns sündigen Menschen sprechen würde!“ Ja, sagt Mir dann: War Ich damals, als Ich als Jesus Christus auf Erden wandelte und mit der öffentlichen Sünderin Maria Magdalena, mit einfachen Fischern und mit den Zöllnern, als den verachtetsten Sündern, die man für Betrüger und quasi Gewalträuber hielt, umging, minder heilig, wie heutzutage!? Heißt es nicht in der heiligen Schrift, dass Ich immer gleich, daher unveränderlich bin, sagt Mir, glaubt ihr das, dass es wahr ist!? Und wenn ihr glaubt, warum dürfte Ich heutzutage nicht Meine Propheten haben wie einst? Wer getraut sich, Mir das zu verbieten? Und wen habe Ich zu fragen, ob Ich das tun darf?

Da Ich der freie Herr über Mich bin, daher soll man nicht über Mich verfügen wollen! - Seht, ihr Zeitungsschreiber, Redakteure und alle diejenigen, welche Meine Werkzeuge mit aller Wut angreift und sie als Ketzer, Gotteslästerer, Wahnsinnige und mit dergleichen Namen mehr bezeichnet! - das gilt nicht ihnen, sondern Mir, dem hochheiligen Gott, der Ich durch sie zu euch spreche, wie ihr leben und handeln sollt, um einst zu Mir in Meine Himmel zu kommen. Allein, wenn ihr Mich mit Worten und solchen gemeinen Bezeichnungen kreuzigt und Meine Lehre, die Ich in jetziger Zeit des Verfalls und der Geistesfinsternis durch Meine Werkzeuge verbreiten lasse, mit der Wurzel auszureißen trachtet, dann baut ihr euch die tiefste Hölle schon auf dieser Welt für das einstige Jenseits.

Was der Mensch hier sät, das wird er dort ernten; denn eure Taten auf dieser Welt gehen euch nach in die andere und werden euer Gericht sein. Wehe euch allen, welche sich mit Gewalt gegen Mein heiliges Wort empören, Meine Werkzeuge verhöhnen und das heilige Wort mit Füßen tretend als Ketzerei bezeichnen, das man ja nicht lesen soll, um nicht seelisch zugrunde zu gehen. -

Ihr habet euch das Beispiel bei den Juden genommen, sie haben dasselbe einst mit den Propheten getan, wie ihr jetzt, sie schmähten, verfolgten und steinigten sie. Ihr tut dasselbe an Meinen Werkzeugen und Meinen heiligen Worten... der Gesteinigte bin Ich, euer Gott und Vater in Jesus Selber, da ihr Mich mit grober Insulte (Verleumdung) ausmerzt aus der Liebe der Leser und so tot macht für euch und eure Leser und Zuhörer.

Wie kann Ich dann die Menschen als Meine Kinder bezeichnen, wenn Ich für sie zu hochheilig wäre!? weil sie noch sündhaft sind; heißt denn beten nicht mit Gott reden? Und wenn die sündhaften Menschen Mich als ihren Vater, weil Schöpfer, bezeichnen, sieht das nach eurem eigenen Urteil nicht als eine Gotteslästerung aus!? Ja gewiss! Denn wie könnt ihr dann euch getrauen, mit Mir reden und zu Mir beten und bitten, da Ich für euch zu hochheilig bin!!?

Sagt Mir, ihr überklugen Kritiker, schafft ihr euch nicht selber die Hölle auf dieser Welt, indem ihr mit Entrüstung betont, dass Gott mit keinem Menschen verkehrt, weil Er zu hochheilig ist, die Menschen aber zu sündhaft sind, da ihr zugleich glaubt, dass es auf der anderen Welt keine Gnade mehr gibt, als entweder Himmel oder die ewige Hölle!?... Also, wenn es so ist, so muss der Mensch doch schon auf dieser Welt sich so hoch ausarbeiten, dass er nach dem Leibestod sogleich in den Himmel kommt. Warum soll Ich dann mit solchen Menschen, die demnach schon auf Erden Meine Engel sind, weil sie Meinen Willen in allem erfüllen, nicht auch wie einst mit Patriarchen, Propheten, Aposteln, Sehern und sonstigen frommen Menschen verkehren?...

Es fehlt euch alle Logik im Reden und Denken, ihr selbst werdet nach eurem eigenen Urteil nicht in den Himmel kommen und das genügt euch nicht, ihr verschließt (wie einst die Pharisäer) auch anderen mit der Gewalt eurer Zeitungen, Schriften und Vorträge die Pforten des Himmels und öffnet ihnen jene, welche für euch nach unten offenstehen. -

Die Patriarchen, Propheten und Apostel waren doch Menschen und zwar sündhafte Menschen, und doch sprach Ich mit ihnen. Ich wusste wohl, was Judas Iskariot für ein Geisteskind war und doch verkehrte Ich nahe drei Jahre mit ihm. Ich sagte Selber, dass der Tempel zu Jerusalem eine Räuberhöhle und Mördergrube ist und doch ging Ich oft hinein und lehrte darin das Volk. War Ich da weniger hochheilig als heutzutage!?

➔ *Lest Meine Neuoffenbarung*, damit ihr wissend werdet, wie man leben und handeln muss, um den Himmel auf Erden schon zu erlangen, und um zu wissen, wie die Bibel geistig zu verstehen ist...!

Seht, der Geist des Menschen ist ein Funken des Jesusgeistes des Gottvaters von Ewigkeit und ist derselbe (2. Kor. 13,5), und doch wohnt dieser in jedem Menschen, ob er auch der größte Sünder ist, und so auch in der Hölle, in der Ausgeburt aller Untugenden und Laster, weil ohne Jesu-Gottesgeist nichts leben und bestehen kann, da nur Ich als Gott das Leben im Weltall bin. Ja, ohne Gott würde kein Wurm und kein Tier leben, weil Gott das einzige Urwesen und Lebensprinzip ist; denn sonst wäre die Behauptung: Gott ist überall, - eine Lüge.

Auch ist das ein großer Irrtum, dass man behauptet, wer so hoch steht, dass er mit Gott verkehrt, der schweigt und sagt in seiner Demut nichts davon. Das widerrufe Ich, Gott Selber, als falsch, - weil Ich durch solche Menschen Meine Liebesworte an die Menschen diktiere, in denen Ich sie ermahne, so zu leben und zu handeln, wie Ich einst im größten Gebote sagte: Liebe Gott über alles; deinen Nächsten aber wie dich selbst, und tue deinem Nächsten das, was du bei jeder Gelegenheit wünschest, dass dir der Nächste täte.

Zum Staunen und verblüffend wirkt die Tatsache auf Meine Werkzeuge, dass gerade diejenigen, welche die Bibel gründlich kennen, aber falsch auslegen - am

Ende, wenn ihnen Wort auf Wort aus der Bibel bewiesen wird, was sie bisher falsch ausgelegt, weil falsch verstanden, wenn sie schließlich nichts mehr dagegen einwenden können, anfangen, den Satan in lichter Gestalt zu wittern und meinen: ob es nicht doch eine Irreführung durch ihn in der Sache wäre!? ...Wissen solche Menschen nicht, dass sie damit das heilige Wort der Bibel, das Ich durch Propheten und Apostel gab und es an sie überkam, an Satan übertragen!? Wo ist da eine gesunde Logik oder Vernunft? Ich sehe diese nirgends. Atheisten oder Gottesleugner sagen, die Bibel ist kein Gottesbuch, sondern Menschenwerk, auf welches man sich nicht berufen kann; die besagten bibelfesten Menschen gehen aber viel höher, indem sie in den höchsten Offenbarungen der göttlichen Liebe, Satanstücke und Irreführung gegen die klarsten Beweise aus der Heiligen Schrift wittern. Da erscheinen ja doch die Gottesleugner als frommere Menschen, wenigstens sagen sie nicht, dass in Gottesworten Satansirreführung steckt! -

Auch die Einwendung, dass vielleicht die Worte anders zu deuten sind und dass man im Alten Testament Gottvater usw., für was Ich als Christus durch die Propheten genannt wurde, anders verstanden hat, ist ein gewaltiger Irrtum! Wenn selbst solche Hauptworte als Gottvater, Jehova, Jesus Christus, Liebe, Nächstenliebe, Heiliger Geist, Gottesweisheit usw. anders gedeutet werden sollten, als die Bibelbeweise es dartun, dann wäre es doch besser von solchen Menschen, die in der Bibel den Satan in lichter Gestalt und Irreführung wittern, - die Bibel als ein höchst gefährliches Buch für das wahre Seelenheil nicht mehr in die Hand zu nehmen, sondern dies den wahren Dienern Gottes zu überlassen, welche nach den Worten der Propheten Jesaja und Jeremia von Gott durch Sein heiliges Wort, wie einst die Propheten, denen Ich, Jehova, Mein Wort auf die Zunge legte, gelehrt werden. Diese sind es dann, von welchen Ich sprach: Nicht ihr seid es, die da reden, sondern der Geist eures Vaters (Jesus) ist es, der in euch redet (Matth. 10,20). Von diesen und nicht von denjenigen, die ihre Kenntnisse in den Weltschulen erlernt haben und gegen Meine Jünger donnern, gilt Mein Wort: Wer das Wort Gottes verwirft, der verwirft nicht den vortragenden Menschen, sondern Gott, dessen Geist solche Meine Jünger besitzen (1.Thess.4,8)

Die Heilige Schrift ist für den Laien vielseitig ein dunkles, in Geheimnisse der geistigen Entsprechungen gehülltes Buch, aber man kann die Erleuchtung bekommen, dass man es mit Meiner Hilfe versteht, wenn man Meinen, in den zehn Geboten und den übrigen Lehren geoffenbarten Willen des Neuen Testaments erfüllt. Wer aber allen Anforderungen von Meiner Seite nachkommt, der bekommt das innere Wort, welches Petrus das prophetische Wort nannte.

(2.P.1,19; - lies auch Epheser 4,1-7; - Gal.1,11-12)

Durch dieses aber kann man in alle Tiefen des Geistes eindringen, weil es Mein eigenes Jesuswort ist.

Die Erfüllung Meines Heiligen Willens ist die

Verbindung zur Erlangung des inneren prophetischen Wortes. Es steht zwar in der Bibel: „Um was ihr den Vater in Meinem Namen bitten werdet, das wird Er euch geben“; allein solche Bibelchristen oder solche geistig Toten, die noch unreif sind für Meine ewige Wahrheit, solche werden Meine hier gesprochenen Worte doch nicht glauben, wenn selbst die Toten aufstehen und es ihnen sagen würden, dass es von Mir ist, weil sie durch eigene Schuld finster im Geiste sind, da sie gegen Mich, weil gegen Meine Lehren, offen Partei nehmen und mich in Meinem Worte verfolgen und kreuzigen, weil sie Mich persönlich, wie einst die Pharisäer, nicht haben können. -

Merket euch, ihr, welche eines guten Willens seid, die Wahrheit zu hören: Wer sucht, der findet, wer bittet, dem wird gegeben (das Brot aus der Höhe), wer anklopft, dem wird aufgetan die Pforte des ewigen Lebens. In diesen Worten liegt die Gnade Meiner Lehre und der Weg zur Wahrheit, wenn die Menschen mit gutem Willen und aus Liebe zur göttlichen Wahrheit dies suchen.

Man beachte den Umstand, dass keine göttliche Offenbarung von solchen Menschen herkam, welche streng nach der kirchlichen Autorität lebten, sondern gewöhnlich durch solche einfachen Menschen, welche die Kirche verfolgte. Wenn dazwischen einzelne Männer der Kirche, von Gott erleuchtet, auch Wahres und Göttliches schrieben, so hat man aber dann immer getrachtet, die Wahrheit zu vertuschen, zu verfälschen oder ganz zu unterdrücken, was besonders bei dem sogenannten heiligen Augustin, bei Katharina Emerich, Jan Huß und Hieronymus von Prag und vielen anderen mehr der Fall war. Diese Leute hatten den Christi Geist in sich (2. Kor. 13, 5). Wer aber Christi Geist nicht hat, der ist nicht sein (Röm. 8, 9), und das sind solche, welche gegen Meine Lehre in der christlichen Theosophie (die Neuoffenbarungen), die sich mit der reingeistigen Lehre der Bibel deckt, wühlen und Mich darin verhöhnen und daher kreuzigen im Worte.

Es wäre zu weitgehend, auf alle Einwendungen der Widerstreiter gegen Mein neues Wort zu antworten, denn diesen Menschen fehlt es nicht an nichtigen Worten, sie kennen nur den toten Bibelbuchstabengott und toten Buchstabenchristus; den lebendigen Christus, den kennen sie nicht, darum ihr antichristliches Widerstreiten gegen die Wahrheit aus der Höhe Meiner göttlichen Liebe.

Wollt ihr die Wahrheit über das Wort in den Büchern der Neuoffenbarung erlangen, so müsst ihr euch aller Selbsturteile entledigen, und nur Mich um Erleuchtung bitten, ob es von Mir ist oder nicht. Wenn Ich sehen werde, dass es euch ernst ist, so wird euch Meine göttliche Liebe und Gnade zuteil, sonst nicht..!

Das Gewissen des Menschen ist die Sprache der Liebe Gottes im Herzen, wo der Geist Gottes Jesu Christi wohnt und den Menschen vor Bösem warnt und zu Gutem rät. - Der fromme Mensch, der die Lehre Gottes nach Möglichkeit erfüllt, steht auf dem Wege des Geistigen nach oben schreitend. - Der so weit gereift ist in der Liebe zu Gott und den Menschen, dass er die innere Erleuchtung erlangt, wo er inne wird vom Verborgenen im Geiste, der steht als Geist im Fleische im Range des oberen Paradieses, oder auch des unteren Himmels. Stirbt er und steht er in einer Lehre Christi (wie sie die christliche Theosophie lehrt), so kommt er gleich in den unteren Himmel, sonst so lange nicht, bis er die reine Lehre angenommen hat. Wer aber das innere Wort hat, wie es einst die Propheten und Apostel hatten, der ist ein Himmelsgeist schon hier im Fleisch, weil er mit Gott im steten Wortverkehr steht.

Die Worte, die Ich zu Meinen Kindern spreche, müssen in der Sprache und Fassung sein, wie sie es heutzutage verstehen, sonst würde Mein Reden sinnlos sein, -- darum urteilt nicht: „Gott spricht nicht so, sondern anders, wie Er durch die Propheten sprach.“ Dort waren es in Geheimnis gehüllte Weissagungen; hier das persönliche Lehren Meiner Kinder in der Gegenwart.

Weil jetzt die Zeit Meiner Wiederkunft auf die Erde angebrochen ist, darum lest die Aufklärung, wie diese geistig gemeint war, weil sie bereits schon da ist (die Zeit der Wiederkunft Christi). -

➔ Alle Stellen der Bibel sind darüber geistig geschrieben, daher versteht ihr sie nicht!

Dies zur Ermahnung an all die vielen Kritiker Meiner Neuoffenbarung, welche ist das himmlische

Jerusalem, das vom Himmel auf die Erde gekommen ist, so, wie es Jesaja geschaut hat. Amen«

*Wortempfänger: Fanz Schumi, Ende 19. Jahrhundert, Quelle: Christenforum.EU*

# Die 10 Hauptpunkte der Neuoffenbarung Gottes an die heutige Menschheit

*Die Wiederkunft Christi im Wort, in den sinnbildlichen "Wolken des Himmels" (Dan.7:13, Mt.26,64), was bedeutet: das Licht der Wahrheit in erkennbarer und verständlicher Art offenbart. JESUS erklärt uns in über 10.000 Kapiteln:*

## *1. Den Weltgrund:*

Es gibt keinen Stoff im Sinne des Materialismus. Alles ist Energie, nämlich Gottes- oder Geisteskraft, zergliedert in allerkleinste Urgrundteilchen (Urlebensfunken). Auch das bisher als kleinste Einheit betrachtete Stoffatom ist ein aus zahllosen Grundteilchen bestehendes lebendiges Universum in kleinstem Maßstab. (Man vergleiche dazu die neuesten Erkenntnisse der Kernphysik!) Aus den Urgrundteilchen (heute Elektronen oder Quanten genannt) - die nichts anderes als selbständig gemachte Gedankenkräfte Gottes sind - ist das ganze Weltall in planmäßiger Entwicklung aufgebaut.

## *2. Das Wesen Gottes:*

Gott ist ewiger, unendlicher Geist, die Urkraft und der Urgrund alles Seins. Seine höchsten Attribute sind Liebe, Weisheit und Willensmacht. Sein Heiliger Geist erfüllt das ganze All (die "Weltseele" der antiken Religionen). Allein, dieser unendliche Allgeist hat als innerstes ein Machtzentrum, von dem wie aus einer Sonne Gedanken und Willenskräfte in die Schöpfung hinausströmen, um nach einem großen Lebensvollendungskreis wieder zurückzukehren.

In diesem Urmachtzentrum ist Gott wesenhaft gestaltet, und zwar in der höchsten aller Lebensformen: als vollkommener Geistes-Urmensch. ("Gott schuf den Menschen nach seinem Bilde"!) Von diesem Urmachtzentrum aus ist der Gottesgeist ewig schöpferisch tätig.

Die ganze Schöpfung ist ein gewaltiger Entwicklungs- und Vervollkommnungsvorgang der göttlichen Gedanken und Ideen. Er vollzieht sich in ungeheuren, durch Ruhezeiten geschiedenen Perioden ("Schöpfungstagen", "von Ewigkeit zu Ewigkeit")

## *3. Die geistige Urschöpfung:*

Der uns sichtbaren stofflichen Schöpfung gingen geistige Urschöpfungen voraus. In diesen hat Gott aus den gleichsam aus sich hinaus gestellten Urlebensfunken große Geistwesen nach seinem Urbild geschaffen (Urerzengel), die befähigt waren, weitere Geistwesen ihresgleichen aus sich ins Dasein zu rufen. So entstanden Legionen von großen Geistwesen (Engeln), die sich durch das Ordnungsgebot der Gottes- und Bruderliebe zur gottähnlichen Lebensvollendung erziehen lassen sollten. Ein Teil dieser Urwesen unter dem Hauptgeiste Satana (Luzifer) verfiel aber kraft seines freien Willens in grenzenlose Eigenliebe und Selbstherrlichkeit.

Da jedoch nach ewiger Ordnung den Gott-abtrünnigen die nährenden Lebensströme aus Gott versiegen mussten, so erstarrten sie gleichsam und verdichteten sich zu hilflosen Massen. So entstanden im Schöpfungsraum durch Verdichtung geistig-ätherischer Urwesenheiten (Materialisation) die Urnebel der Materie oder des Weltstoffes.

## *4. Die Stofflich Materielle Schöpfung:*

Sollten die gefallenen Urwesen ewig im Banne ihres Gerichtes verbleiben oder doch noch zur Vollendung in Gottes heiliger Lebensordnung zurückgeführt werden? Die göttliche Liebe erkannte sich der gefallenen Geisterwelt: Mit Hilfe der treu gebliebenen Engelsgeister entwickelte der Schöpfer aus den Urnebeln des Weltenstoffs durch Gliederung und Neubelebung den - in seiner Gesamtheit den "verlorenen Sohn" darstellenden - Bau des materiellen Universums. (Kant-Laplace'sche Weltentstehungslehre geistig begründet!) Damit leitete Gott auf all den zahllosen Weltsystemen und Weltkörpern eine Erlösung

(Lösung) der in der Materie gebundenen Urwesen ein.

## *5. Den Zweck des Naturlebens:*

Auf allen Gestirnen werden durch das göttliche Walten die erstarrten Weltstoffmassen mehr und mehr gelockert. Die sich lösenden luziferischen Lebensfunken werden nach Gottes liebe-weisem Heilsplan in den Reichen der Naturwelt von den Engeln, den Dienern des Schöpfers, in immer neue geistige Läuterungsschulen gebracht. Dies, indem sie - zu stets reicheren Verbänden oder "Seelen" vereinigt - in immer höheren Lebensformen stufenweise durch das Mineral-, Pflanzen- und Tierreich emporgeführt werden. (Darwins Entwicklungslehre in allumfassender geistiger Sicht!) -

Auf diesem geistig-leiblichen Entwicklungsweg werden die "Naturseelen" im Bau und Gebrauch ihrer jeweiligen Lebenshüllen (alle Gebilde der drei Naturreiche) angeleitet. Sie beginnen damit, ihre widergöttliche Selbstsucht nach und nach zu überwinden und sich zur himmlischen Ordnung des Dienens in gegenseitiger Liebe zu bekehren. (Aufbau gemeinsamer Verbände, Organismen.) So predigt auch das Evangelium die "Erlösung aller Kreatur" durch die Macht der Liebe.

## *6. Den Menschen - das Endziel dieser Entwicklung:*

Die auf diese Weise aus der luziferischen Materie aufgestiegene Menschenseele soll - unter dem Einfluss eines ihr eingehauchten Gottesgeist- oder Liebefunkens - sich nun im irdischen Leben bewähren. Durch freiwillige Erfüllung der Liebesgebote Gottes soll sich der Mensch immer höher bis zur wahren Gotteskindschaft entwickeln. um schließlich am Ziel der Vollendung zur wahren Freiheit und Seligkeit des ewigen Lebens einzugehen.

## *7. Die Wesenheit Jesu Christi:*

Als die Schöpfung so weit gereift war, um die höchste Enthüllung der göttlichen Liebe - die Gottheit als "Vater" - zu fassen, wählte Gott unsere äußerlich so unscheinbare Erde zur größten Liebetat seiner Erbarmung aus. Hier, wo der innerste Geistkern Luzifers gebannt gehalten wird, hüllte Gott sein geistmenschliches Urmachtzentrum ins Gewand der Materie. ("Und das Wort ward Fleisch.") In Jesus Christus trat Gott selbst ins Menschenreich, um dieses und alle Geister der Unendlichkeit zu belehren. Als höchstes Zeugnis der Liebe zog Er selbst das Kleid der Materie an, um die Gefallenen aus ihrem Gerichte zu erlösen und die Geläuterten wieder ins Vaterhaus zurückzuführen. (Gleichnis vom verlorenen Sohn.)

Jesu Geist, das heilige Urmachtzentrum Gottes, ist

der "Vater". Jesu Seele (und Leib), d.h. sein Menschliches, ist der vom Vater geschaffene "Sohn". Die in die Unendlichkeit ausstrahlenden Gotteskräfte, ausgehend vom Vater durch den Sohn, sind der "Heilige Geist". Und so sind in Christus vereint Vater, Sohn und Hl. Geist (Lösung der Dreieinigkeitsfrage!). Jesus: "Wer mich sieht, der sieht den Vater" und "Ich und der Vater sind eins!"

## *8. Den Heilsweg zur geistigen Wiedergeburt:*

Als einzigen, zu Vollendung und ewigem Leben in Gott führenden Heilsweg lehrte Jesus das Grundgesetz der ganzen Schöpfung: "Liebe Gott über alles und deinen Nächsten wie dich selbst!" Weder äußerliche Werkgerechtigkeit (Sakramentenempfang) noch äußerliche Glaubensgerechtigkeit (Bekenntnisglaube) genügen; sie sind bestenfalls Hilfsmittel für den Heilsweg der reinen, tatkräftigen Liebe, dem Urgrund alles Seins.

Ist im Menschen mit Hilfe des Gottesgeistes die reine Himmelsliebe zum unbeschränkten Herrscher geworden, dann ist der Mensch dem Gerichte der Materie entronnen und hat die geistige Wiedergeburt erreicht. Mit dem ihr eingepflanzten Gottesgeist völlig verbunden, vermag die geläuterte Seele sodann zu einem wahren Gotteskind zu werden, "eins" mit ihrem Schöpfer und himmlischen Vater und ewig teilhabend an der Fülle seiner göttlichen Lebens- und Wirkungskräfte.

## *9. Die Fortentwicklung im Jenseits:*

Die meisten Erdenmenschen treten nach ihrem Leibestod noch unvollendet in die feinstofflichen Jenseitssphären ein. Ihnen bietet die göttliche Liebe drüben neue Schulungsstätten, um schließlich alle - wenn auch oftmals auf weit schwierigeren und peinvolleren Wegen - doch noch zur Vollendung zu führen. Denn der göttliche Plan einer allgemeinen Erlösung kennt keine ewige Verdammnis!

Um das Endziel zu erreichen, gelangen die noch unreif aus dem Leben scheidenden Seelen im "Jenseits", d.h. in der irdisch unsichtbaren geistigen Welt zunächst in eine Art Traumleben. Hier wird ihnen zu ihrer Belehrung ein von ihren Schutzmächten geleitetes innergeistiges Schauen und Erleben zuteil, das je nach ihrer guten oder bösen Gesinnung ein paradiesisch-wonnevolles oder höllisch-qualvolles Empfinden hervorruft. "Himmel und Hölle" sind somit keine Örtlichkeiten, sondern geistige Entwicklungszustände der Seele. - Stark selbstische, erdgebundene Seelen werden auch durch Wiedereinzeugung (Reinkarnation) auf anderen stofflichen Welten oder zuweilen auch auf unserem Erdplaneten weiter geschult.

## *10. Das Ziel der Vollendung:*

Seelen, die sich auf Erden oder in der jenseitigen Welt zur reinen Gottes- und Nächstenliebe läutern ließen, gelangen zu stets neuer und beseligender Wirklichkeit. Ihre geistige Schau und Wirkungsmacht erweitert sich in den dreifach gestuften Himmeln, entsprechend der Reinheit und Stärke ihrer Liebe. Die endloser Steigerung fähige Seligkeit der Vollendeten besteht in immer tieferer Erkenntnis Gottes, immer größerer Liebe zu Ihm und all seinen Geschöpfen, sowie in stets wirkungsreicherer Mittätigkeit am hohen Werke der Schöpfung als der Offenbarung alles Seins und Lebens.

* * * * * * *

Schon diese kurzen Andeutungen lassen erkennen, dass bei den neuen Offenbarungen Gottes (den "Wolken des Himmels", siehe Daniel 7,13 und Matthäus 26,64, *HH*) eine geistige Religion von größter Weite, Einheitlichkeit und Folgerichtigkeit vorliegt. Sie vermittelt eine erhabene Lebenslehre reinster Liebe und höchster Tatkraft, in der die Gottheit, der Vater in Jesus, den Grundstein bildet.

Die ganze Fülle und Vielseitigkeit der Lehre eröffnet freilich erst das eingehende Studium der Wiederkunft JESU im Wort Seiner Neuoffenbarungen. Diese bieten gerade das, worum die besten Geister unserer Generation zutiefst ringen: eine Synthese zu finden zwischen der Heilandslehre der Bibel und dem Entwicklungsgedanken der Wissenschaft. Daraus ergibt sich ein übereinstimmendes, an kein konfessionelles Bekenntnis gebundenes Christentum, das durch seinen Ethos der Liebe und die Tiefe seiner Erkenntnis alle Menschen zu einer hochgesinnten Geistes- und Lebensgemeinschaft zu einen vermag.

*Aus "Ein Mann hört eine Stimme", Lorber-Verlag Bietigheim*

# Jakob Lorber und die Neuoffenbarung

Jakob Lorber (1800 - 1864) war ein von Gott erwählter Mann. Sein prophetisches Werk, das ihm durch inneres göttliches Diktat mitgeteilt wurde, wird in seiner Bedeutung in unserer Zeit immer mehr erkannt. Das 25bändige Werk schließt alle Fragen auf, die uns über die Heilsgeschichte, ja sogar über die gesamte Schöpfungsgeschichte bewegen. Da wird sowohl die Entstehung wie auch der Aufbau der Welten in ihrem physischen, astralen und geistigen Bereich bis ins kleinste durchleuchtet. Besonders aber erfahren wir alles über das Wesen Gottes, über die Welt der Engel, die jenseitigen Läuterungsstufen der Seelen nach dem irdischen Tod und, im Mittelpunkt stehend, das Wesen des Erlösers Jesu Christi.

Am 15. März 1840 vernahm er beim Morgengebet „in der Gegend des Herzens“ eine Stimme, klar und hell, die ihm gebot: „Steh auf, nimm deinen Griffel und schreibe!“ Diesem geheimnisvollen Rufe gehorchend schrieb er die folgenden Worte nieder: „So sprach der Herr zu mir und in mir (Jakob Lorber) für jedermann, und das ist wahr, getreu und gewiss: Wer mit Mir reden will, der komme zu Mir, und Ich werde ihm die Antwort in sein Herz legen. Jedoch die Reinen nur, deren Herz voll Demut ist, sollen den Ton Meiner Stimme vernehmen. Und wer Mich aller Welt vorzieht, Mich liebt wie eine zarte Braut ihren Bräutigam, mit dem will Ich Arm in Arm wandeln. Er wird Mich allezeit schauen wie ein Bruder den anderen, und wie Ich ihn schaute schon von Ewigkeit her, ehe er noch war."

Lorber hatte zuvor gerade das unerwartete Angebot erhalten, an der Oper in Triest die Stelle eines zweiten Kapellmeisters zu übernehmen und schon alle Reisevorbereitungen getroffen. Doch nach diesem ihn tief erschütternden Ereignis entsagte er, jetzt schon im 40. Lebensjahr stehend, diesem verlockenden Angebot und widmete sich fortan als „Schreibknecht Gottes", wie er sich zuweilen nannte, bis zu seinem Lebensende der Niederschrift dessen, was er in sich durch das „Innere Wort" vernahm und als Stimme Jesu Christi, das lebendige Wort Gottes empfand. Seinen oft dürftigen Lebensunterhalt musste er nun weiterhin als Musiklehrer und Klavierstimmer verdienen, weil er sein ansehnliches Erbteil seinem Bruder zum Existenz-Aufbau leihweise überlassen hatte, aber zeitlebens nichts mehr davon zurückerhielt.

Für den Gesamtinhalt der Niederschriften Lorbers hat sich unter ihren Freunden seit langem die Bezeichnung „Neuoffenbarung" (im Unterschied zur biblischen „Altoffenbarung") eingebürgert. Sie will die ursprüngliche und vollständige Gottes-, Erlösungs- und Heilslehre, deren Kenntnis Jesus zum Teil seinen Aposteln und engsten Schülern vorbehalten musste, den Menschen des Industrie- und Informationszeitalters frei von traditionellen und modernen Irrtümern und Entstellungen, zusammen mit weiteren, erst den Menschen unseres Zeitalters begreiflichen Enthüllungen zugänglich machen. Das betrifft die im Mittelpunkt stehende Gottes- und Heilslehre wie auch die Aufschlüsse über die geistige Urschöpfung, den Entstehungsgrund und Zweck des materiellen Universums sowie die Läuterung und Weiterentwicklung irdischer Verstorbener in den verschiedenen jenseitigen Sphären.

Die Neuoffenbarung macht uns auch wieder bekannt mit den gesetzmäßigen Entsprechungen zwischen Dingen und Vorgängen in der geistigen und in der natürlichen Welt und dem rechten Verständnis ihrer Bildersprache. Die Kenntnis der geistigen Entsprechungen, zur Zeit Jesu nur noch wenigen Eingeweihten geläufig, ist der Schlüssel zum wahren Verständnis des inneren Sinns vieler Texte des Alten und Neuen Testaments, besonders des Johannes-Evangeliums als des geistigsten (übrigens auch in äußeren Dingen zuverlässigsten) der Evangelien, der Geheimen Offenbarung des Johannes und auch zahlreicher Texte der Neuoffenbarung.

Letztere bietet auch die beste Grundlage für eine wirklichkeitsgerechte Verbindung von geistiger Religion und wahrer Naturerkenntnis in einem Weltbild, in das die schon in frühchristlicher Zeit verlorengegangene kosmische Dimension und auch der Bereich des Übersinnlichen (heute als Parapsychologie und Paraphysik bezeichnet) wieder einbezogen sind. Auch in der Bibel berichtete außergewöhnliche, gemeinhin als „Wunder“ bezeichnete Ereignisse und Taten, deren Tatsächlichkeit zumeist geleugnet wird, verlieren durch die Neuoffenbarung den traditionellen Nimbus des unerklärlichen Mirakels, weil sie, auch für menschliche Vernunft nachvollziehbar, einer höheren geistgelenkten Naturgesetzlichkeit unterliegen. Christentum und Wissenschaft, Schöpfungslehre und Entwicklungsgedanke, Herzenserkenntnis und rationales Denken verbinden sich in der Neuoffenbarung zu einem übereinstimmenden, an kein konfessionelles Bekenntnis gebundenen Christentum. Es vermag in Jesus Christus alle Menschen zu vereinen in der Liebe zu Gott und tätiger Menschenliebe und Fürsorge für die uns anvertraute Schöpfung.

Von den 25 umfänglichen Bänden und einer Reihe kleinerer Schriften des Lorberwerks seien hier nur das „Große Evangelium Johannes“ und die „Jugend Jesu“ genannt. Im „Großen Evangelium Johannes“ besitzen wir gemäß biblischer Verheißung in Joh. 14,26 eine eingehende Schilderung der Lehrtätigkeit und des Wirkens Jesu. Wir werden gleichsam Ohrenzeugen auch jener Lehrgespräche, die Jesus nur im Kreise seiner reiferen Jünger und Freunde führen konnte und die, wie auch manche Heilungen, nicht zur späteren Aufzeichnung in den biblischen Evangelien bestimmt waren. Das zehnbändige Werk bildet gleichsam die „authentische Langfassung“ des biblischen Johannes-Evangeliums, dessen Chronologie es folgt, und ist das Herz- und Hauptstück der Gottesbotschaft durch Jakob Lorber.

Die „Jugend Jesu“ macht uns wieder mit dem seit frühchristlicher Zeit – bis auf geringe Teile, die in der

„Berlenburger Bibel“ überliefert sind – verschollenen vollständigen Jakobusevangelium vertraut. Der von Jakobus dem Älteren (dem jüngsten Sohn Josephs aus erster Ehe und Helfer Marias bei der Betreuung ihres Kindes Jesus) verfasste ausführliche Bericht über Empfängnis und Geburt Jesu, ferner die mit römischer Hilfe gelungene Flucht der Familie vor dem Kindesmörder Herodes nach der damaligen Stadt Ostracine in Ägypten, ihr dortiger Aufenthalt und die Rückkehr nach Nazareth –, und vieles Weitere wird in einer Weise geschildert, die unser Gemüt tief anrühren, uns das Empfinden unmittelbaren Beteiligtseins vermitteln und etwas vom Wirken des Gottesgeistes im Kinde Jesus verspüren lassen kann.

Nach den prophetischen Kundgaben Lorbers vor 150 Jahren steht die Menschheit gegenwärtig mitten in der größten inneren und äußeren Umwälzung ihrer Geschichte und durchläuft in diesen Jahrzehnten den letzten, äußerst turbulenten und durch menschliches Fehlverhalten, zunehmende Naturkatastrophen und technische Großunfälle geprägten Abschnitt (End- und Wendezeit) vor dem Durchbruch in ein neues Zeitalter, dem verheißenen Friedensreich Jesu Christi, in dem die Menschen den Geist Seiner Liebe in sich zur Herrschaft gelangen lassen.

*Hermann-Josef Brodesser, Lorber-Verlag*

# Die Hauptwerke der Neuoffenbarung Gottes an Jakob Lorber

## *Die Haushaltung Gottes – 3 Bände:*

Dieses Werk behandelt in einer machtvollen Propheten-Sprache die Hauptgrundfragen allen religiösen Denkens: Das Wesen Gottes, die Urschöpfung der Geisterwelt, die Entstehung der (materiellen) Sinnenwelt, die Erschaffung des Menschengeschlechts und die Urgeschichte der Menschheit bis zu der großen vorderasiatischen Erdkatastrophe der Sintflut. Was die ersten Kapitel der Bibel gewissermaßen in einem Samenkorn geben, das finden wir in dieser „Haushaltung“ als einen mächtigen, das Samenkorn erst recht bestätigenden und verherrlichenden Baum der Erkenntnis. Das Wesen Gottes und seiner geistigen und stofflichen Schöpfung wird uns hier in unvergleichlicher Weise vor die Seele geführt, sowohl nach der unnahbar erhabenen Seite, wie nach der bis ins Kleinste sich hinab beugenden Liebe Gottes. Und ein tiefer, voller Strom des Lichts fällt schließlich in der Urgeschichte der Väter auf den wahren Zweck und Sinn und auf die Führungen des menschlichen Lebens.

**Band 1 – Die Urgeschichte der Menschheit**

- Das Geheimnis der Schöpfung
- Die Urzeit der Erde und des Mondes
- Der Sündenfall
- Die Geburt Cahins und Ahbels
- Die Entwicklung von Cahins Geschlecht
- Gründung der Stadt Hanoch in der Tiefe
- König Hanochs gottlose Regierung
- Die Nachfolger Hanochs bis zu König Lamech
- Urgeschichte des chinesischen Volkes
- Gegensätze zwischen Gott und den Menschen
- Gründung der ersten ordnungsmäßigen Kirche dieser Erde
- Vom Wesen der Zeit und der Ewigkeit
- Vom Wesen des Lebens
- Eine Verheißung des Herrn u.a.

**Band 2 – Aufstieg und geistige Blüte des ersten Weltreiches Hanoch**

- Ehestiftungen durch den Herrn: Lamech und Ghemela werden die Eltern Noahs sein
- Henoch vom Herrn zum Hohepriester eingesetzt und des Herrn Verheißung an ihn
- Die Verklärung Sehels
- Lamechs Bekehrung
- Erbauung des ersten Tempels in Hanoch
- Henoch: alleiniger Hohepriester dieser Zeit, „da Himmel und Erde in Eines geflossen sind“
- König Lamech: Oberpriester des neuen Tempels

**Band 3 – Die ersten Hochkulturen - Entartung und Untergang in der Sintflut**

- Liebesbund des Herrn mit der ganzen Erde
- Szene mit Satana
- Hanochs Goldenes Zeitalter im geistigen Sinne
- Verbannung Satanas durch Henoch in den Mittelpunkt der Erde
- Adams und Evas Tod
- Henochs Hinwegnahme
- König Lamechs Tod
- Allmählicher moralischer Verfall auf der Höhe und in der Tiefe
- Massenzuwanderung von Männern und Frauen der Höhe ins Riesenreich Hanoch und neuer moralischer Niedergang
- Hochblüte der Technik und Zivilisation, großartige Stadtkulturen
- Einführung des Heidentums in Hanoch
- Machtkämpfe, Intrigen und Kriegswirren im ganzen Reich
- Mahal (Bruder Noahs) und seine Kinder verstrickt in die tragischen Ereignisse der Tiefe
- Beginn der durch die Völker der Tiefe selbst verschuldeten Sündflut
- Mahals Verklärung und Engelsdienst in der Führung der Arche Noahs. Anhang: die vornoahische Gestalt der Erde

## *Kindheit und Jugend Jesu:*

Bei diesem Werk handelt es sich um das durch J. Lorber wieder-empfangene Jakobus-Evangelium. Der Herr hatte ihm diese Neuoffenbarung schon im voraus am 22. Juli 1843 angekündigt und hinzugefügt: „Jakobus, ein Sohn Josephs, hat solches alles aufgezeichnet; aber es ist mit der Zeit so sehr entstellt worden, dass es nicht zugelassen werden konnte, als echt in die Schrift aufgenommen zu werden. – Ich aber will dir das echte Evangelium Jakobi geben, aber nur von der Zeit an, da Joseph Maria zu sich nahm. Jakobus hatte auch die Lebensbeschreibung Mariens von ihrer Geburt an mit aufgenommen sowie die des Joseph."

Und nun empfing der auserwählte Mittler durch die Stimme des Geistes in seinem Herzen eine umfassende, wunderbare Schilderung der Geburt und Kindheit Jesu von so inniger, erhebender Schönheit und Macht, dass wohl kein Herz den göttlichen Ursprung und die Wahrheit dieses kostbaren Schriftwerkes verkennen kann. Das Werden und Sich-entfalten des Jesuskindleins unter der Obhut Marias im Hause des Pflegevaters Joseph, auf der Flucht nach Ägypten und dann wieder zu Hause, in Nazareth, entrollt sich vor unseren Augen.

Wir erleben das erste wunderbare Wirken und Sichbekennen des Gottesgeistes in dem Kindlein und empfangen mit freudigem Staunen ungeahnte Einblicke in das heilige Geheimnis der Person Jesu. Es wird uns die beseligende Gnade, im „Sohne" den „Vater" zu erkennen und mithin in Jesus „Vater, Sohn und Heiliger Geist“ vereinigt zu finden.

Mit den Bruchstücken der alten Überlieferung in der Berlenburger Bibel ist – bei Berücksichtigung der diesem Text widerfahrenen Veränderungen und Entstellungen – eine starke, teilweise wörtliche Übereinstimmung festzustellen. Und so beweist der Inhalt, dass uns in dieser Jugendgeschichte Jesu durch Jakob Lorber tatsächlich eine alte christliche Urkunde von unschätzbarem Wert neu gegeben ist.

## *Das große Evangelium Johannes 11 Bände:*

Ist es nicht der Wunschtraum eines jeden Christen, möglichst das Ganze über Jesu Erdenwirken zu erfahren? Da die Evangelien aber mehr oder minder im Rahmen einer historischen Berichterstattung bleiben, muss es auch Propheten geben, die Eingeweihtenwissen vermitteln. So war der Menschheit der Heilige Geist verheißen worden, sie „alles zu lehren und an alles zu erinnern“. Gemäß Joh. 16,12-13 lautete ein bezügliches Wort Jesu an die Jünger:

> „Ich habe euch noch viel zu sagen; aber ihr könnt es jetzt nicht tragen. Wenn aber jener, der Geist der Wahrheit, kommen wird, der wird euch in alle Wahrheit leiten. Denn er wird nicht von sich selber reden; sondern was er hören wird, das wird er reden, und was künftig ist, wird er euch verkünden.“

Eine solche Verkündung aber konnte, wie eh und je,

nur Aufgabe der Prophetie sein. So gab es auch in allen Jahrhunderten, angepasst an den Reifezustand der Menschen, eine solche nach-christliche Einweihung durch das direkte innere Wort. Das größte Einweihungswissen ging selbst-verständlich von Christus selber aus, wie er es im Kreise seiner Jünger auf Erden weitergab. Dass vieles davon unter Schweigegebot stand, bezeugt die Bibel. Mit dem Hauptwerk Jakob Lorbers „Das Große Evangelium Johannes" wird uns auf dem Hintergrund des Lebens Jesu die ganze Lehre, die ganze Heilsgeschichte, das Wunder von der Begegnung des Göttlichen mit dem Menschlichen in aller Tiefe erschlossen. Dabei gibt Jesus selbst als Sprecher und Erzähler uns authentische Berichte von seinen Erdentagen.

## *Von der Hölle bis zum Himmel – 2 Bände:*

Mit welcher Gewalt manche Seele im Jenseits von der Gottesliebe ergriffen wird, sobald sie nur in eine lichtere Sphäre gelangt ist, zeigt uns das Beispiel von Robert Blum. Auf Erden hatte er sich als Revolutionär aus Überzeugung mit Feuereifer für die Belange der unterdrückten Schichten eingesetzt. In Dingen der Religion aber war er indifferent und skeptisch geblieben. Drüben allerdings lernte er dann sehr bald die Führungen Gottes kennen. Die Lehre von der Eigenverantwortung des Menschen, die sein Schicksal auch nach dem Hinübertritt bestimmt, wird von Stufe zu Stufe lebendig miterlebt. Und manche drastisch-realistisch geschilderte Szene in der Geisterwelt beweist uns, dass der Mensch nach dem Ablegen seines Erdenleibes zunächst ganz derselbe Mensch bleibt, mit seiner Sprache, seinen Ansichten und Gewohnheiten, Neigungen und Leidenschaften, wie während seines Leibeslebens. Das geistige Wachstum im Jenseits hängt – drüben wie hier – einzig davon ab, wie das Grundgebot der Gottes- und Nächstenliebe verwirklicht wurde und wird. Im gleichen Maße wächst auch die Christus-Erkenntnis, und alle Kräfte helfen mit, besonders die Engel und auch der Herr selbst, dass eine geläuterte Seele zu ihrem eigentlichen Erlösungsziel gelangt.

## *Bischof Martin:*

Wir sehen hier einen Menschen, wie er nach seinem letzten irdischen Atemzug das große Tor zum Jenseits durchschreitet. Drüben angekommen, bildet sich seine „Sphäre“ – zunächst einem Traumleben gleich, das noch ganz seine irdischen Irrtümer, Vorstellungen und Wünsche wider-spiegelt. Wir begleiten ihn bei seinen mannigfachen Vor- und Rückschritten auf dem Pfad der Erkenntnis und sehen, wie sich ihm mancherlei höhere Geistwesen und Engel zugesellen, die ihn durch läuternde und belehrende Erlebnisse für eine wahre Erkenntnis Gottes zubereiten.

Wir verfolgen, wie es immer lichter in der Seele des einstigen Bischofs wird und ihn sein geistiges Erwachen endlich in die hohen Welten der himmlischen

Sphären führt. Seine wachsende Liebe lässt ihn nun das Göttliche in Jesus als den Vater der Ewigkeit erkennen, und damit tritt er in den Zustand seiner Vollendung ein, in die Gotteskindschaft mit all ihrer Freiheit, Schöpfergabe und Seligkeitsfülle. Wer die ersten Szenen dieses jenseitigen Schulungswerkes mit dem erreichten Endziel vergleicht, wird ermessen, welchen Weg ein Menschengeist zu durchschreiten vermag, der sich von Sphäre zu Sphäre durchringt bis zu den höchsten Höhen.

Für den aufgeschlossenen Leser bildet dieses Buch nicht nur ein beglückendes Zeugnis für die liebe- und weisheitsvolle Führung des Menschen nach seinem Erdenleben. In den Gesprächen und Erlebnissen Martins mit vollendeten Geistern wie Petrus und Johannes und zuletzt mit dem Herrn selbst findet jeder Suchende eine Überfülle klarster Antworten auf die Fragen nach den Letzten Dingen. Und ihn weht eine heilige Ahnung an von der Unermesslichkeit der großen Schöpfungsidee, aber auch von der Würde des Menschen, wenn er in der erreichten Gotteskindschaft zur Krone der Schöpfung herangereift ist.

## *Die geistige Sonne – 2 Bände:*

Dieses große Lehrwerk von den Zuständen des Jenseits führt uns gleichsam in zehn Geistersphären, das heißt, wir treten in das innere Blickfeld von zehn verschiedenen Geistwesen, die einst irdisch verkörpert waren. Ihre hohe und höchste Erkenntnis hat durch den Grad ihrer Liebe zum himmlischen Vater die verwandte, jedoch eigen geprägte Art ihrer seelischen Welten gestaltet.

Mit dem Eintritt des Lesers in die Sphären dieser zehn Geister – darunter sich die Apostel Petrus, Markus und Paulus, der Prophet Daniel, der Seher Swedenborg und zuletzt Johannes als der Inbegriff errungener Liebeweisheit befinden – erschließt sich ihm ein geistiges Bild von überwältigender Größe und Weite.

In sich stets steigernden Bildern und Szenen, die zugleich eine einmalige Schule der wichtigen Entsprechungslehre bilden, erhalten wir Einblicke in die Geheimnisse der Naturschöpfung von der Erde bis zu den Zentralsonnen. Darüber hinaus eröffnen sich aus der Sphäre dieser erleuchteten Geister Zusammenhänge zwischen den sichtbaren Welten des Universums und den unsichtbaren des geistigen Alls, die geeignet sind, das zu eng gewordene Weltbild von heute grundlegend umzuformen und zu einer überzeugenden Klarheit zu führen.

Hier reichen sich wahre Religion und Wissenschaft die Hand zu einem neuen Bund des schauenden Erkennens, und der Menschengeist beginnt etwas zu ahnen von der grenzenlosen Liebe, Weisheit und Allmacht des Schöpfers, welcher auf millionenfachen Wegen alles erdhaft Gebundene in die wahre Freiheit des Geistes zurückführt.

## *Die 3 Tage im Tempel:*

Diese Schrift gibt einen Bericht der Vorgänge im Tempel, als der zwölfjährige Jesusknabe drei Tage lang unter den Lehrern und Ältesten weilte und mit ihnen tief-weise Gespräche, namentlich über die Messiasfrage, führte, worüber bei Lukas 2,47 nur knapp berichtet ist: „Und alle, die ihm zuhörten wunderten sich seines Verstandes und seiner Antworten.“

## *Paulus' Brief an die Gemeinde in Laodizea:*

Der Brief des Paulus an die Christengemeinde in Laodizea (erwähnt in Kol. 4,16) musste bis heute trotz eifriger Nachforschungen als verloren gelten. Auch dieses verschollene, wichtige Dokument aus der Zeit der jungen Christengemeinden wurde an Jakob Lorber durch inneres Diktat neu gegeben. Paulus, der sich leidenschaftlich für die Reinhaltung des Evangeliums einsetzte, führt in diesem Brief an die Laodizäer scharfe Klage, da sie ähnlich wie die Kolosser aus dem reinen Geistchristentum in ein zeremonielles Kirchenchristentum verfallen waren.

## *Erde und Mond:*

Hier offenbart sich die Erde als ein kosmischer Körper, in dem es nichts Totes, Unbelebtes gibt, als ein pulsierender Organismus mit allen Organen, wie sie analog dem irdischen Menschenleib zu eigen sind. Es eröffnet sich eine innere Wunderwelt, in der gewaltige Elementarkräfte den Ausdruck eines plan-beseelten Entwicklungsvorgangs bilden, auf den alles Naturgeschehen hinzielt. Enthüllt schon der erste Teil dieser Schrift (die natürliche Erde) neben der materiellen Beschreibung des Erdkörpers vieles von dem naturgeistigen Sinn, so schildert der zweite Teil (die geistige Erde) die metaphysischen Zustände, die der Erde zugehören. Indem diese Darstellungen vom Wesen der Urschöpfung ihren Ausgang nehmen, wird damit das ganze Werk zu einer geistigen Lichtquelle höchster Erkenntnis. Im Anhang dazu findet sich als dritter Teil (der Mond) eine Schilderung der natürlichen Mondwelt mit der verschiedenen Beschaffenheit beider Mondhälften und ihrer Lebensbedingungen.

## *Jenseits der Schwelle:*

Über die jenseitigen Schicksale der Seelen ist noch immer wenig bekannt, da ja jede Seele entsprechend ihrem Erdenleben zunächst eine ihrem inneren Zustand entsprechende Welt erwartet. Das Sterben des Menschen, sein Übertritt zunächst in eine aus seinen Gefühlen, Begierden und Vorstellungen erschaffene Traumwelt, und seine durch leitende Geister und Engel unterstützte Jenseitsführung werden in teils angenehmer, teils erschreckender Art beschrieben.

*Quelle: Lorber-Verlag, Bietigheim, Bestellungen hierüber möglich*

# Neuoffenbarungen Gottes an Gottfried Mayerhofer

Mayerhofer war deutscher Offizier. Als der bayrische Prinz Otto auf den Thron Griechenlands kam, folgt ihm Mayerhofer als Major la suite. Auch Mayerhofer überzeugt als auserwählter Prophet durch seine Vorwegnahme erstaunlicher wissenschaftlicher Erkenntnisse. So erwähnt er z.B. dass das Licht sowohl korpuskularen (materiellen) als auch Wellencharakter habe. Er erläutert die Ursachen der Entstehung des weißen, violetten und roten Lichtes zu einer Zeit, wo derartiges Wissen noch in weiter Ferne lag.

## *Lebensgeheimnisse: Eröffnungen über wichtige Lebensfragen:*

Im 7. Jahr nach Jakob Lorbers Heimgang empfing Gottfried Mayerhofer in Triest ab März 1870 bis zu seinem Tode 1877 zahlreiche Diktate des Herrn. Das Anliegen der Textsammlung „Lebensgeheimnisse“ wird deutlich aus folgendem Wort: „Was gegen Meine Gesetze anstrebt, straft sich von selbst; und wenn Ich jetzt sogar selbst direkt mit euch verkehre, so geschieht das deswegen, ... weil erst wenn die Menschheit durch eigenes Ungeschick sich selbst viele Trübsal zuzog, sie mürbe geworden und fähig sein wird, Besseres anzunehmen, damit dann das Material schon fertig daliegt, mittels welchem der alte, längst vergessene, zerrüttete Baum des geistigen Menschenlebens wieder aufgebaut werde, und zwar nicht vorübergehend, sondern für bleibend!“

## *Predigten des Herrn:*

In diesen Predigten führt uns der Herr selbst durch das Kirchenjahr. Wir empfangen dabei tiefe Erklärungen von Texten aus dem Neuen Testament wie „Die Versuchung Jesu in der Wüste“ (Mt.4,1-11); „Die Auferstehung Jesu“ (Mk.16,1-8); „Die wahre Sabbatfeier“ (Lk.14,1-6); „Die Stellung des Christen zur Obrigkeit“ (Mt.22,15-22); „Die letzte Zeit“ (Mt.24,15-28); „Die Zeichen der Zukunft“ (Lk.21,25-26) u.a. – Die Texte des Neuen Testaments sind den Predigten jeweils vorangestellt. Die Textauslegungen, wie wir sie in diesen Predigten haben, führen zum inneren, vielfach noch unerkannten Sinn des göttlichen Wortes.

## *Schöpfungsgeheimnisse: Kundgaben über Dinge der Natur:*

Was hier dem Empfänger durch inneres Diktat mitgeteilt wurde, eröffnet in erstaunlicher Weise verborgene Geheimnisse der Schöpfung, die geistigen Dimensionen alles Lebendigen, wie es eben nur Dem möglich ist, der alle Dinge geschaffen hat. Die göttliche Seinsordnung lernt der Leser hier wieder begreifen, die ihm eine materialistische Welterklärung lange Zeit verdunkelt hat.

*Quelle: Lorber-Verlag, Bietigheim, Bestellungen möglich*

# Neuoffenbarungen an Max Seltmann

Auch Max Seltmann empfing in geistigen Schauungen, gleichsam in lebendigen Bildern, die an seinem inneren Auge vorüberzogen, wundersame Eröffnungen des Geistes. Die einfache, zum Herzen sprechende Sprache und Darstellung vermittelt einen unmittelbaren, packenden Eindruck des von ihm Geschauten und Gehörten. Die Schrift "Köstliche Szenen aus dem Erdenleben Jesu" umfasst die Themen:

1. Ein Tag im Hause Josephs
2. Jakobs Erzählung aus der Jugendzeit Jesu
3. Die letzten Tage im Elternhause / Jesus tritt sein Lehramt an
4. Jesus als Meister in der Liebe
5. Karfreitag / Der Gang nach Emmaus
6. Der Auferstandene / Das neue Leben im Menschen
7. Bethanien / Himmelfahrt
8. Pfingsten / Der Kämmerer aus dem Mohren-

land

9. Bei den ersten Christen
10. Göttliche Führungen bei den ersten Christen
11. Vom Gottesfunken / Erwachendes Gottesleben
12. Judas Ischariot. Sein Schicksal im Jenseits
13. Johannes der Täufer
14. Die Liebe erringt den Sieg, Teil 1: Bilder aus dem Leben des Apostels Johannes vor Jesu Kreuzigung
15. Die Liebe erringt den Sieg, Teil 2: Des Apostels Johannes Wirksamkeit nach Jesu Auferstehung in Jerusalem u. Ephesus
16. Die Liebe erringt den Sieg, Teil 3: ... in den übrigen kleinasiatischen Gemeinden und sein Tod
17. Heimgefunden

*Quelle: Lorber-Verlag, Bietigheim, Bestellungen hierüber möglich*

# Zusammenfassend hier einige kurze Fragen und Antworten zum Schreibvorgang durch das innere Wort bei Lorber und anderen

*von Kurt Eggenstein*

## *Wie schilderten Augenzeugen Lorbers Niederschriften?*

Lorbers Biograph Ritter von Leitner berichtet auf Grund seiner Beobachtungen folgendes: "Lorber begann dieses Schreibgeschäft, welches von nun an die Hauptaufgabe seines Daseins blieb, fast täglich schon morgens vor dem Frühstück, welches er in seinem Eifer nicht selten ganz unberührt stehen ließ. Dabei saß er, meistens mit einer Mütze auf dem Kopf, an einem kleinen Tischchen, im Winter knapp neben dem Ofen, und führte ganz in sich gekehrt mäßig schnell, aber ohne je eine Pause des Nachdenkens zu machen oder eine Stelle des Geschriebenen zu verbessern, ununterbrochen die Feder, wie jemand, dem von einem andern etwas vorgesagt wird. Zu wiederholten Malen tat er, wenn er hiervon sprach, auch die Äußerung, er habe während des Vernehmens der ihm einsagenden Stimme auch die bildliche Anschauung des Gehörten.

## *Diktierte Lorber auch anderen das innerliche Gehörte?*

Seiner Aussage nach teilte er das innerlich Vernommene aber noch leichter mit, wenn er es einem andern mündlich kundgeben konnte. Und in der Tat diktierte er einigen seiner Freunde einzelne Aufsätze, ja ganze Werke von mehreren hundert Schriftbogen. Dabei saß er neben dem Schreibenden, ruhig vor sich hinschauend und nie in seinem Redefluss stockend oder irgendeine Satzfügung oder auch nur einen einzelnen Ausdruck abändernd."

## *Wie vernahm Lorber die Innere Stimme?*

"Bemerkenswert dürfte sein, dass Lorber die Innere Stimme, welche er die des Herrn nannte, stets im Herzen, jene anderer Geister aber im Hinterhaupt zu hören behauptete.

## *Kann Lorber als Medium bezeichnet werden?*

Wiewohl Lorber Tausende von Bogen mediumistisch vollschrieb, kann man ihn doch nicht ein eigentliches Schreibmedium nennen, nämlich ein Medium, dem die Hand mechanisch durch eine fremde Intelligenz geführt wird. Er schrieb vielmehr stets selbsttätig nieder, was er von einer fremden Intelligenz ihm eingeflüstert hörte und er wie mit dem Ohre zu vernehmen meinte."

## *Von wem stammen die inneren Diktate an Lorber?*

"An einen Freund schrieb Lorber im Jahre 1858 über die in ihm redende Geistesquelle, die er als die Stimme Jesu Christi, das lebendige Wort, empfand: 'Bezüglich des Inneren Wortes, wie man dasselbe vernimmt, kann ich von mir selbst sprechend, nur sagen, dass ich des Herrn heiligstes Wort stets in der Gegend des Herzens wie einen höchst klaren Gedanken, licht und rein, wie ausgesprochene Worte vernehme. Niemand, sei er auch noch so nahestehend, kann etwas von irgendeiner Stimme hören. Für mich erklingt diese Gnadenstimme aber dennoch heller als jeder noch so laute materielle Ton. Das ist aber nun auch schon alles, was ich Ihnen aus meiner Erfahrung sagen kann."

## *Was spricht dafür, dass das Niedergeschriebene nicht aus eigenem Wissen stammte?*

Fremdwörter, die Lorber nicht kannte, wurden ihm nicht buchstabiert. Seine Freunde erklärten ihm die Wörter oder sie mussten sich selbst eines Wörterbuches bedienen.

## *Gibt es vergleichbare Offenbarungen im christlichen Bereich?*

Bei Jakob Lorber wiederholte sich das, was andere Menschen, die vor ihm ebenfalls Offenbarungen zu verkünden hatten, versicherten.

Die hl. Katharina von Siena (gest. 1347) ließ keinen Zweifel darüber offen, dass das, was sie verkündete, ihr von Gott offenbart worden sei. Deshalb heißt es auf der Titelseite ihrer Schrift 'Von Gott diktiert'.

Swedenborg versicherte in seiner Sterbestunde, dass alle seine Offenbarungen wahr seien und vom Herrn stammten.

Bertha Dudde (gest. 1965) berichtet ausführlich in ihrer Selbstbiografie über den Vorgang des inneren Diktats (im folgenden Kapitel).

## *Wie empfand Lorber seinen Auftrag als 'Schreibknecht Gottes'?*

Für Lorber war der Auftrag eine Last, und manchmal bat er Gott um Befreiung davon, weil er sich der Aufgabe nicht gewachsen fühle. Aber das Diktat ging weiter, und Lorber mag sich zuweilen an den Propheten Jeremias erinnert haben, der sagte, dass er immer wieder dem höchsten Willen habe weichen müssen (Jer.20,07-11).

## *Warum erfolgen göttliche Offenbarungen selten an Theologen oder Intellektuelle?*

Es ist auffallend, dass Gott sowohl im Judentum als auch im Christentum sich äußerst selten des hohen oder niederen Klerus für Offenbarungen bediente, sondern für seine Kundgaben Laien auswählte. Gerade dadurch soll nach der Meinung von Jakob Böhme "um so klarer werden, dass sie aus Gottes Hand stammen". "In unseren Tagen", bemerkt der katholische Theologe Jean Guitton, "scheint das Prophetenamt mehr und mehr auf die Laien überzugehen." Und ein anderer katholischer Theologe, Prof. H. Fries, dürfte einen der Gründe hierfür aufgespürt haben, wenn er feststellt: "Die christliche Botschaft ist den Menschen fremd geworden, weil sie höchst unzulänglich vermittelt wurde."

## *Wie geht der christliche Klerus mit göttlichen Offenbarungen um?*

Dass in unserer Zeit die großen Offenbarungen nur Menschen gegeben werden, die der Macht der Hierarchie entzogen sind, ist u. a. auch deswegen naheliegend, weil nachweisbar zahlreiche Offenbarungen, wie z. B. die Schriften der hl. Hildegard von Bingen, des hl. Johannes vom Kreuz und der hl. Theresia von Lisieux, von den Männern der Kirche durch Streichungen oder Abänderungen entstellt worden sind. Alles, was nicht in das Schema passt, wird abgelehnt.

Maßgeblich ist nicht der Geist Gottes, sondern die menschliche Ratio und das System.

## *Wird die Verbreitung von Neu-Offenbarungen verhindert werden?*

In der Neuoffenbarung wird auch ausdrücklich gesagt, dass sich "manche über das gewaltige Licht der NO erzürnen werden, weil es ihren lange im Finsteren gehaltenen Bau erleuchten wird. Allein, es muss Licht werden" (gm.pred.045,18). Es wird aber auch versichert, dass diese Offenbarung trotz der "Schaden witternden Füchse", die von Vernichtungsgedanken beseelt sind, unverfälscht verbreitet werden wird. (gm.pred.017,12 u. gm.pred.045,18)

## *Schrieb Lorber im Wachzustand oder in Trance?*

Jakob Lorber war kein Schreibmedium, dem die Hand automatisch durch eine Geistwesenheit geführt wird. Er fiel nie in Trance und geriet auch nicht in Ekstase. Er schrieb täglich mehrere Stunden im Wachzustand das nieder, was ihm die Innere Stimme sagte.

## *Wie erklärt sich der Sprachstil Lorbers?*

Der Geistesimpuls musste zuerst den ganzen Seelenbereich Lorbers durchlaufen, erst dann vermochte er das Gehörte in der ihm eigenen Sprache zu formulieren. Darauf ist es zurückzuführen, dass die Niederschrift in einem dem Schreiber eigenen Stil und mit den damals gebräuchlichen Ausdrücken erfolgte. (In einigen Fällen mussten deshalb von Lorber verwendete Ausdrucksweisen, die heute in Deutschland nicht verstanden werden, durch synonyme Bezeichnungen ersetzt werden.)

Friedrich Christoph Oetinger hat die Umsetzung der Verbal-Inspiration in das jeweilige Sprachkleid des Menschen wie folgt kommentiert: "So wächst das Korn der himmlischen Offenbarung immer auf dem Halm der menschlichen Anschauung."

Der Seher Swedenborg hat sich zu diesem Vorgang auch geäußert: "Wenn ein Engel einem Menschen, durch den Worte der Inspiration ausgesprochen oder niedergeschrieben werden sollen, Worte des Herrn einhaucht, so regt es bei demselben ein Denken an, welches in gewöhnlicher Weise in menschliche Ausdrücke fällt. Diese Ausdrücke sind solcher Art, wie sie eben bei dem Menschen vorhanden sind, der beeinflusst wird; sie sind stets seiner speziellen Auffassung und seiner besonderen Lebensform gemäß." (Adversia III 6865-6966)

## *Wie ist das Wesen des Inneren Wortes zu verstehen?*

Der gute Sachkenner Viktor Mohr geht in der Zeitschrift 'Das Wort' 8/1972 auf diesen Vorgang ausführlicher ein und schreibt: "Eine besondere Art von Medialität, d. h. Mittlerfähigkeit stellt die Aufnahme höchster Geiststrahlungen durch das Innere Wort dar, wobei Gott, als das ewige Wort selbst im und zu dem Menschen spricht. Diese Einsprache des Göttlichen im Menschenherzen ist eine unendlich subtile, keineswegs irdisch definierbare geistige Schwingung: eine Durchdringung aufnahmebereiter Seelen durch den innewohnenden Christusstrahl, des mit Gott, dem Vatergeiste, immer geeinten Geistfunkens. Dieses wahre, unvergängliche Ich ist der Anteil des Menschen an der Gottheit, weshalb er sich als ein Teil des ewigen ICH BIN mit Recht oftmals in der Ich-Form kundgibt.

## *Warum hat jeder Prophet selbst bei innerem Wort seinen eigenen Sprachstil?*

Wir sollten nur nicht glauben, als bediente sich der Vatergeist dabei jener irdischen Worte, die sodann der Mittler oder die Mittleren ausspricht oder niederschreibt. Denn um diese höchste geistige Strahlung gemäß in Worte der Erdensprache umzuformen, muss sie zuvor den Seelenbereich der Ergriffenen durchlaufen. Dies ist der Grund, warum jede solche Gottesbotschaft die sprachliche Eigenart des Mittlers trägt.

Deshalb ist der Maßstab für derlei Kundgaben nicht ihre Worthülse, sondern ihr innerer Gehalt im Sinne der geistigen Wahrheit."

## *Waren die inneren Worte bei Lorber Gehör-Halluzinationen?*

Eventuelle Versuche, Lorbers Prophetie durch Halluzinationen erklären zu wollen, sind gänzlich abwegig. Die Psychiatrie weiß seit langer Zeit, dass beim Auftreten von Sprachhalluzinationen nach gewisser Zeit mit Sicherheit eine Zersetzung des Ichs eintritt. Kein Mensch kann jahrzehntelang Tag für Tag an Gehörhalluzinationen leiden, ohne dass psychische und physische Zerfallserscheinungen erkennbar werden. Lorber war aber bis zu seinem Tod ein ausgeglichener und seelisch vollkommen gesunder Mensch.

## *Bieten psychologische Thesen eine ausreichende Erklärung für Lorbers Schriften-Entstehung?*

Die Person Jakob Lorber kann auch nicht mit der Deutung durch die Tiefenpsychologie erhellt werden. Die wissenschaftlichen Kundgaben, die mehrfach ganz präzise Angaben über die Lebensdauer der Elementarteilchen und andere erst seit einigen Jahren bekanntgewordene Erkenntnisse der Astronomie enthalten, schließen solche Möglichkeiten gänzlich aus. Treffend bemerkt hierzu der verstorbene Theologe und Schriftsteller Hellmuth von Schweinitz: "Das Phänomen Lorber mit der Deutung der Tiefenpsychologie abzutun, ist keine überzeugende Erklärung. Denn was in seinen Schriften an die Oberfläche seines Bewusstseins tritt, sind Erkenntnisse, die aus der Sphäre seines beschränkten menschlichen Wissens nicht stammen können. Zu ihrer Aneignung würde ein Menschenleben nicht ausreichen und alle schöpferische Phantasie nicht genügen." "Die Tiefenpsychologie ist ein unzureichender Weg zum Verständnis einer Sache, die mit psychoanalytischen Argumenten einfach nicht deutbar ist.

## *Sind Lorbers Werke als philosophische oder theologische Spekulationen erklärbar?*

Genauso wenig kann das Lebenswerk Lorbers durch philosophische oder theologische Spekulationen erklärt werden. Es bleibt bei ihm, wie bei allen prophetischen Phänomenen, ein unerklärbarer Rest, den man leugnen oder annehmen muss"

## *Entspricht die Ausdrucksweise Lorbers seinem Charakter?*

Beim Vergleich der noch vorliegenden Briefe Jakob Lorbers an seine Freunde treten der ähnliche Schreibstil und die gleiche Ausdrucksweise wie in seinen, ihm von der Stimme diktierten Aufzeichnungen auf. Schlicht und einfach, wie der Charakter Lorbers, ist auch seine Schreibweise.

## *Wie unterscheiden sich Lorbers Niederschriften von theologischen Werken?*

Sie hat so gar nichts an sich von der kalten, abstrakten Darstellungsart theologischer Schriften. In seinen Aufzeichnungen gibt es keine dialektischen Kunststücke und keine nur schwer verständlichen komplizierten Sätze. Seine Kundgaben strahlen Wärme aus. Wenn man Lorbers Schriften mit der theologischen Literatur vergleicht, versteht man, weshalb letztere so wenig vom Volk gelesen wird. Es hat eben, wie Kardinal Newman sagt, "Gott nicht gefallen, sein Volk mit Dialektik zu retten.".

## *Wie umschreiben Lorbers Vorhersagen noch unbekannte technische Erfindungen bzw. wissenschaftliche Sachverhalte?*

Sofern Lorber prophetische Aussagen über die wissenschaftlich-technische Materie macht, kleidet er seine Zukunftsschau in Umschreibungen, ein, wie dies bei fast allen prophetischen Kundgaben seit eh und je festzustellen ist. Wenn Lorber z.B. schreibt, dass sich die Menschen des zwanzigsten Jahrhunderts mit Hilfe des 'Blitzes' über die Meere hinweg verständigen würden, dann ist damit auf die Funktelegraphie (bzw. elektrische, elektromagnetische und elektronische Datenübermittlung, z.B. via Satellit und auch durchs Internet, *HH*) hingewiesen. Spricht er im Zusammenhang mit der Astronomie von riesigen 'künstlichen Augen', so wissen wir, dass hierunter die optischen und die Radioteleskope (auch per Raumfahrzeugen, GG.) zu verstehen sind.

## *Gibt es eine Fortführung der Neuoffenbarungen nach Lorbers Tod?*

Nach dem Tode Jakob Lorbers war das Werk noch nicht ganz vollendet. Wenige Jahre danach empfing Leopold Engel den 11. Band des Großen Johannes Evangeliums. Gottfried Mayerhofer vernahm in Triest ebenfalls das Innere Wort und schrieb noch einige zusätzliche Bände. Später empfing z.B. auch Bertha Dudde über 8000 Kundgaben, welche in verschiedenen Themen-heften erschienen sind.

*Aus dem Buch „Der Prophet Jakob Lorber verkündet bevorstehende Katastrophen und das wahre Christentum"*

# Bertha Dudde und die Neuoffenbarungen

Jesus Christus sagt: "Ich bin der Weg, die Wahrheit und das Leben." Den Weg, den wir Menschen gehen sollen, ist der Weg der Liebe, den Jesus Christus uns vorgelebt hat und der zum ewigen Leben in Seiner Nähe führt. Die Wahrheit, die wir Menschen erfahren sollen, erhalten wir durch das Wort Gottes, das uns Gott Selbst in Jesus Christus, durch Seine Jünger und durch Seine heutigen Boten vermittelt. So sagt Er Selbst: "Ich werde Meinen Geist ausgießen über alles Fleisch und Knechte und Mägde werden weissagen." Eine dieser Knechte und Mägde unserer Zeit ist Bertha Dudde, durch die Gott Selbst "Seinen Geist ausgießt", d.h. durch die wir Sein Wort in reinster Form erfahren, um den Sinn und Zweck des Erdenlebens und Seines Heilsplanes zu erkennen.

## *Selbstbiographie:*

Seit dem 15. Juni 1937 schreibe ich - durch das innere Wort - erhaltene Kundgaben nieder. Einem oft geäußerten Wunsche meiner Freunde nachkommend, gebe ich hiermit eine kurze Erklärung des geistigen Empfanges, eine Schilderung meines Lebensweges und meiner eigenen Einstellung.

Am 1. April 1891, als zweitälteste Tochter eines Kunstmalers in Liegnitz, Schlesien, geboren, verlebte ich mit noch sechs Geschwistern im Elternhaus eine harmonische Kindheit. Frühzeitig schon lernte ich die Sorgen um das Dasein kennen. Der Wunsch, den Eltern helfen zu können, ließ mich meine Neigung zum Schneidern praktisch ausüben und Geld verdienen. Die Geldnot der Eltern blieb und damit auch die Sorge. So machte ich mich der Familie nützlich bis in die jüngste Zeit.

Die Eltern gehörten unterschiedlichen Konfessionen an. Der Vater war protestantisch, die Mutter katholisch. Wir Kinder wurden im katholischen Glauben erzogen, erlebten aber niemals einen Druck oder Strenge in Bezug auf die Ausübung kirchlicher Gepflogenheiten, so dass jedes Kind in späteren Tagen in völliger Freiheit die selbstgewählte Glaubensrichtung vertreten konnte. Ich selbst war religiös, konnte mich aber nicht im vollen Umfang dem katholischen Lehrsystem unterwerfen, obwohl ich die Kirche achtete. Es war mir aber nicht möglich, etwas nach außen zu vertreten, was ich innerlich nicht völlig überzeugt angenommen hatte. Ich ging also nicht mehr zur Kirche, hörte keine Predigt, hatte keinerlei Bibelkenntnis, las auch keine religiösen, gleich gar nicht wissenschaftliche Schriften und schloss mich weder einer Sekte noch einer sonst wie gearteten Geistesrichtung an.

Wer die katholische Glaubenslehre kennt, der weiß es, in welche Gewissensnöte ein Mensch gerät, der sich von ihr lösen möchte. Auch mir sind diese nicht erspart geblieben. - Es blieb in mir die Frage: Was und wo ist das Rechte?

Beim Beten des Vaterunsers habe ich oft gefleht, dass der Herr mich doch Sein Reich finden lassen möchte. Und dieses Gebet wurde erhört. Das war am 15. Juni 1937. Ich betete und achtete auf mein Inneres - ich blieb ganz still - in diesem Zustand verharrte ich oft, denn dabei überkam mich immer ein wunderbarer Friede, und Gedanken, die ich dabei empfand - in der Herzgegend, nicht im Kopf - gaben mir Trost und Kraft.

Noch wusste ich nicht, dass mir diese Gedanken „gegeben“ wurden. Bis ein sonderbares Traumerlebnis, das sich später als Wahrtraum erwies, mich veranlasste, diese „Gedanken“ aufzuschreiben. Und so lauschte ich auch an diesem denkwürdigen Tag in mein Inneres, und da kam ganz klar und deutlich eine Wortkette, die ich niederschrieb. Es war das erste Kapitel, das mir gegeben wurde und das mit den Worten begann: „Im Anfang war das Wort! Ein Tedeum dem Schöpfer des Himmels und der Erde!“

Und dann kamen die Zweifel: Hast du das aus dir selbst geschrieben? - Kurz, ich habe gerungen, gebetet und viele innere Kämpfe geführt, aber immer wieder kamen die Worte wie ein Strom, eine Weisheitsfülle, vor der ich schauderte. - Gott Selbst nahm mir die Zweifel, ER antwortete mir, und ich erkannte Ihn in Seinem Wort als unseren Vater. Mein Glaube wuchs, die Zweifel wurden geringer, und ich empfing und schrieb täglich.

Der Inhalt der Niederschriften ging über mein Wissen hinaus. Nie gehörte oder gelesene Ausdrücke, fremdsprachliche und wissenschaftliche Bezeichnungen und Hinweise flossen mir unaufhaltsam zu. Und dann die bisher nie gehörten Liebeäußerungen des Vaters im Himmel, sie bilden letztlich Zuflucht und Aufschluss allen Fragen des Lebens.

Die Übermittlung des „Wortes“ geschieht wie folgt: Nach innigem Gebet und kurzer Sammlung horche ich nach innen. Dort folgen jetzt die Gedanken klar herausgestellt, einzeln und deutlich fließen die Worte - immer drei bis vier hintereinander - ähnlich der Radiodurchsage beim Seewetterbericht zum Mitschreiben. Langsam, so dass ich bequem mitschreiben kann, baut sich Satzteil an Satzteil. Ich schreibe die Worte stenographisch nieder, wie nach einem Diktat, ohne gedanklich oder konstruktiv daran beteiligt zu sein. Ich bin dabei auch keineswegs in einem sogenannten Trancezustand; ich forme auch nicht die Sätze, sondern es springen mir gewissermaßen die Worte einzeln zu, ohne dass ich während des Schreibens den Zusammenhang erfasse.

Nach Tagen, manchmal erst nach Wochen, übertrage ich das Stenogramm in Reinschrift, ohne es zuvor durchzulesen, Wort für Wort, ohne auch nur eine Silbe zu ändern oder zu „verbessern“, in keinem Falle aber den Sinn des Gesagten auszuarbeiten oder zu stilisieren. - Die Zeitdauer eines solchen Diktates beträgt etwa eine halbe Stunde. Ausdrücklich darf ich darauf hinweisen, dass der Vorgang keinen Zwangszustand duldet oder ekstatisch geschieht. Alles vollzieht sich nüchtern und einfach, ohne jegliche Erregung oder Beeinflussung des eigenen Willens. Jederzeit kann ich unterbrechen und nach Stunden oder Tagen die mitten im Satz unterbrochene Kundgabe wieder weiterschreiben. Ohne das vorher Gegebene durchgelesen zu haben, wird mir dann wieder fließend weiter in die Feder diktiert.

Mein Wille ist also frei von jeglichem Muss - was ich will, ist, dem Willen Gottes zu dienen, also das tun zu dürfen, was Sein heiliger Wille ist.

Ich darf sagen, dass ich wie ein ABC-Schütze in die göttliche Wahrheit eingeführt wurde, in Begriffe, die mir in jeder Hinsicht fremd waren und fremd sein mussten.

Nach Monaten erst fand ich die Bestätigung des Empfangenen von anderer Seite: Ich bekam Literatur des steierischen Propheten Jakob Lorber in die Hand. Niemand wird verstehen können, wie beglückt ich war bei der Lektüre der großen Werke Jakob Lorbers, des „Johannes-Evangeliums“ und der „Jugend Jesu“. Jetzt erst wusste ich, dass auch anderen Menschen das Wort des Herrn gegeben wurde, dass Gott, der Herr, zu allen Zeiten zu Seinen Kindern gesprochen hat und auch weiter sprechen wird, wie es ja die unendliche Liebe und Erbarmung des Vaters gar nicht anders vermag.

Bei Lorber fand ich jetzt wieder, was mir zuvor gegeben war. Oft war mir das Gesagte unverständlich, doch liebevoll gab mir der himmlische Vater die Erklärungen. Wundersam sind die Erlebnisse und Vorgänge, die im einzelnen gar nicht aufzuzählen sind, die aber die unvorstellbare Herablassung und Vater-milde wieder und wieder an den Tag legen.

Bei dem Mangel an allgemeiner Bildung kam ich mir immer vor wie ein unbeschriebenes Blatt. Geld- und Zeitmangel versagten mir, gute Bücher zu lesen und Vorträge zu besuchen. Ich kannte nur angespanntes Arbeiten von früh bis spät. Und dennoch erhielt ich täglich die köstlichen Zuwendungen an geistigem Gut, ohne aber zu wissen, für wen ich sie noch erhielt.

Dass ich die Worte von Oben ohne Widerspruch annahm, hängt wohl mit meiner gänzlichen Unkenntnis der Bibel und des katholischen Schrift- und Lehrguts zusammen. Nach meiner jetzigen Erfahrung ist ein „ernsthafter Katholik oder Protestant“, dessen Wissen in dogmatischen Lehrgrundlagen verankert ist, zu sehr auf diese ausgerichtet, um ohne Widerspruch und Vorbehalte diesen göttlichen Neuoffenbarungsworten näher treten zu können und sie in sich ausreifen zu lassen.

Dennoch aber gibt es Wissenschaftler mehrerer Fakultäten, die mit zunehmendem Interesse diese göttlichen Belehrungen aufgreifen und mit Ernst darüber diskutieren. Ihr Interesse gilt nicht nur den unwiderlegbaren Darlegungen des Entstehens der Materie und deren möglicher Auflösung, sondern auch der Begründung der Irrlehren der verschiedenen Religionssysteme und Konfessionen. In den von mir empfangenen Kundgaben wird aufgezeigt, worin der Irrtum besteht, und es ergeht an alle die Aufforderung, auf jegliche solcher Irrlehren hinzuweisen, wo immer sich dazu Gelegenheit bietet.

Es steht aber jedem frei, des Herrn Worte zu beherzigen. Wer aber den Geist der Vaterworte erfasst hat und doch nicht danach handelt, der vergrößert den Abstand zwischen sich und unserem Vater im Himmel. Er befolgt dann nicht die ermahnenden Worte der Liebe und unterstellt sich damit zwangsläufig dem Gesetz, und er wird auch unweigerlich in dem Maße der Gnade verlustig bleiben, wie er das göttliche Liebe-gebot missachtet.

Durch Gottes Gnade wird den Menschen erneut das Evangelium zugeleitet, und es wird mit nachdrücklichem Ernst auf den Daseinszweck der Menschen hingewiesen. So versucht die erbarmende Liebe Gottes noch zu retten, was sich noch retten lässt - vor der Wende - denn diese kommt! Die Zeit, von der Seher und Propheten aller Zeiten kündeten - die Endzeit - diese ist nun angebrochen!

Nach meinen Aufzeichnungen macht der Herr unter Seinen Kindern keine Unterschiede - „Kommet alle zu Mir“ - lautet Sein Lockruf. Wohl dem, der auf Seine Worte hört und Ihm folgt. Gott liebt Seine Kinder, Er will sie alle beglücken - auch wenn sie vom Ihm nichts wissen wollen.

*Bertha Dudde, Aufgezeichnet am 22. November 1953. Quelle: www.bertha-dudde.info*

# Wort-Empfänger der Wiederkunft Christi

Von den folgenden Schreibwerkzeugen Gottes hat Jakob Lorber die wohl umfassendsten Offenbarungen erhalten. Auch als sehr bedeutend können die Schauungen Emanuel Swedenborgs angesehen werden, welche im 18. Jahrhundert eine Art Vorläuferschaft zu den im 19. Jahrhundert gegebenen großen Enthüllungen Jesu durch die genannten Propheten darstellen. Ebenso umfangreich wie beeindruckend sind die Einzelkundgaben, die Bertha Dudde empfangen durfte. Bei aller Wortfülle sollte jedoch beachtet werden, dass diese dazu dient, den Geist Gottes im Menschen zu erwecken, um diesen dann nach Anleitung durch das Gotteswort in der Seele auszubilden, oder anders gesagt: Alles Wissen nützt uns nur dann etwas, wenn wir es auch werktätig anwenden aus Liebe zu Gott. Nur das Wissen um die Wahrheit allein, macht uns noch nicht lebendig.

*Wort-Empfänger in ungeordneter Reihenfolge:*

Männer:

- Jakob Lorber
- Gottfried Mayerhofer
- Max Seltmann
- Leopold Engel
- Emanuel Swedenborg

- Aurelius Augustinus
- Franz Schumi
- Jakob Böhme
- Johannes Greber
- Johannes Tauler
- Johannes v. Jerusalem
- Jung-Stilling
- Meister Eckhart
- Thomas v Kempen

  und andere

Frauen:

- Bertha Dudde
- Anita Wolf
- Gisela Fränzki
- Hildegard v Bingen
- Johanna Hentzschel
- Johanne Ladner
- Elisabeth Pilz
- Käthe Pfirrmann

  und andere

# Erläuterung zu einigen Kürzeln

- J.L.: Jakob Lorber
- J.La.: Johanne Ladner
- B.D.: Bertha Dudde
- G.M.: Gottfried Mayerhofer
- F.S.: Franz Schumi
- J.H.: Johanna Hentzschel
- G.F.: Gisela Fränzki
- HH: Hanno Herbst
- Ev: Großes Evangelium Johannes
- GS: Die Geistige Sonne
- Rbl: Robert Blum – Von der Hölle bis zum Himmel
- Hi: Himmelsgaben
- BM: Bischof Martin
- H: Die Haushaltung Gottes
- St-Sz: Sterbeszenen – Jenseits der Schwelle
- Lao: Brief des Paulus an die Gemeinde in Laodizäa
- Schrft: Schrifttexterklärungen
- Bw: Briefwechsel Jesu
- Sa: Der Saturn
- Dr. T: Die drei Tage im Tempel

# Schlussbemerkung

„Und ich sah einen Engel fliegen mitten durch den Himmel, der hatte ein ewiges Evangelium zu verkündigen denen, die auf Erden wohnen, und allen Heiden und Geschlechtern und Sprachen und Völkern“ (Joh. Off. 14,6)

Wir haben also, gemäß Joh. Off. 14,6, neuen Wein bekommen, der auch in neuen Schläuchen sich befindet und welcher der Menschheit alle Antworten liefert, die sie heute fassen kann. Wir haben ein ewiges Evangelium erhalten, und im Geist ist das Himmlische Jerusalem auf die Erde herabgekommen, d. h. die unverhüllt gegebene Lehre Jesu Christi an die Menschheit unserer Zeit. Dieses Evangelium ist die Wiederkunft Christi im Wort. Das neue Himmelsbrot, das weder mit Sauerteig durchsetzt, noch durch viele Hände gegangen und verunreinigt ist. Es ist nicht trocken und hart, sondern ofenfrisch, duftend und weich. Die Tafel ist bereitet mit Himmelsbrot, und alle sind geladen, doch wie zu allen Zeiten werden nur wenige kommen, um die Gnade zu empfangen.

Ich danke dem Lorber-Verlag in Bietigheim für die freundliche Genehmigung. Alle Bücher der Neuoffenbarungen Jesu Christi, welche Jakob Lorber, Gottfried Mayerhofer, Max Seltmann und Leopold Engel empfingen, sind dort erhältlich. Die Bezugsquellen aller anderen Bücher und Schriften, zum Beispiel von

Bertha Dudde, Franz Schumi, Johanne Ladner, etc. erfahren Sie über das Internet.

Ich wünsche allen Lesern viel Freude und Dankbarkeit mit dem Liebelicht aus der großen Gnade unseres geistigen und ewigen Vaters Jesus Christus.

Hanno Herbst Im Bergfrieden, 12.08.2018